落花無言

十年一覺失智夢

李在敬

作者之妻陳祖娟女士婚紗照

作者夫妻結婚照

作者夫妻旅遊時合照

作者妻與子攝於巴黎凱旋門前

作者在巴黎凱旋門前留影

陳祖娟女士第二次遊巴黎時留影

作者與妻陳祖娟女士子李亦杜在法出遊時留影

作者全家合影，右為女兒李亦莊，右三為子李亦杜。

作者與聯合報前總編輯王繼樸先生於巴黎留影

作者與世新大學創辦人成舍我先生合影

作者任中央日報副總經理時與廣告組同仁出遊時合影，穿山地服之女孩為女兒亦莊，後著藍衣者為作者。

中央日報八德路大樓奠基，作者（左）與蘇玉珍（左二）、副社長薛心鎔（右二）、採訪組長劉克銘（右）挖土奠基留影。

中央日報舉辦登山健行，作者（右）與楚董事長崧秋（中）、社長王天才（左）留影。

自序

內人在五十八歲那年，經醫師診斷罹患了阿茲海默症，也就是失智症。許多人都認為失智症是老年人的專利，五十八歲僅係中年，罹患失智症，應屬不多。其實失智症有出現年輕化趨勢。國際阿茲海默協會ＡＤＩ報告，台灣失智患者已逾十九萬人，六十五歲以下早發性失智症患者已達兩萬人之多。就以目前台灣患失智症的十九萬人計，就有十九萬個家庭受到影響，處在水深火熱之中，這是頗為嚴重的社會問題。

民國九十四年，台灣失智症協會主辦一項徵文活動，那時內人的失智症已邁入中期，我寫了一篇「我多了一個女兒」來應徵，獲得第一名。該協會秘書長湯麗玉女士認為我有寫作能力，希望能以失智者家屬的身份，寫一些對失智症有關的文章，輯結成書，以喚起社會對失智症的重視，並對失智者家屬交換一些照護心得。我花費了不少時間，看了一些有關的書籍，完成了初稿，如「婚後生活磨難多」、「一家團圓在花都」、「幸福家庭變了調」、「對阿茲海默症的認識」、「失智家屬苦痛多」、「我家泰傭月安」、「愛在今生無怨悔」等。辛辛苦苦寫了數萬文字，都是述說內人患失智症，前前後後的故事。但越看越不滿意，同時把家中所想隱藏的遭遇，整個暴露出來，有些不夠謹慎，對廣大社會是否有益，也感懷疑。於是就將文稿束之高擱起來。

民國一百年六月十九日內人在三軍總醫院嚥下最後一口氣，擺脫了十多年病魔的糾纏，永遠離開了人間。我內心非常複雜，既有折翼傷逝的悲痛，也有相互獲得解脫的一種放鬆與落寞。

民國一〇二年的舊曆十二月廿八日，是我八十歲的生日，小兒亦杜與小女亦莊為我在飯店慶生，侄輩也都到齊了，我在無限感慨之下寫了兩首打油詩。

其一：

懵懵懂懂八十年，書劍兩拙難自安；
半生都從愁中過，月如無恨月常圓。

其二：

風雲日變意悵然，寒門頻逢落葉天，
好夢由來最易醒，夜行方知月光寒。

侄女玉真看了後對我建議說：「叔叔九歲離開家鄉，稚齡時坐過中共的牢獄。十二歲參加山東流亡學校，浪跡大江南北，吃盡苦頭。來到台灣自力更生讀到大學畢業。三十五歲留學法國，並站在外交的第一線，為我新聞局工作。返國後任職中央日報，曾任總經理、國外版主任、主任秘書等職。並曾任過中華日報、聯合報系歐洲日報的總經理。晚年陪伴失智病妻十餘年，歷盡艱辛無怨無悔。您這一生實在很不平凡，您何不將自己的經歷寫出來，配合以前所寫束之高擱的文稿，輯結出版，這對嬸嬸是最好的紀念，對八十歲的您更是很好的人生獻禮，也是給予我們晚輩最珍貴的資財。」

玉真的一番話，與會者均感戚戚焉，以鼓掌代表讚同。於是我採納善言先後寫了「不堪回首話流亡」、「台中空小師生情」、「站在外交第一線」「在中央日報的日子」等代表我不同經歷的篇章，以「十年一覺失智夢」結尾。

全書承秀威資訊出版，廖妘甄小姐費神籌編。廖小姐秀外慧中，學有專長，認真負責，我銘感五內，特致最大謝忱。

本書分為兩輯；輯一「風雨同舟」，為作者坎坷一生之回憶，力爭上游，及對不同際遇之敘述，而深具啟發性。輯二「落花無言」，為內人陳祖娟罹患失智症之經過，及痛苦折磨，有血有淚的表達了家屬的心路歷程，陳述甚為深刻。對家有罹患者家屬，當有很多可借鏡之處。

作者年屆八十，已處老境，本書涵蓋了作者與內人的一生，殊有紀念性。謹以此書告慰亡妻在天之靈，並回應台灣失智者協會湯秘書長之期望。

目次
Contents

輯二　落花無言

輯一

風雨同舟

一、不堪回首話流亡

農曆民國二十三年、十二月二十八日的晚上，我在山東省鄆城縣的一個農村出生。

離過年還有兩天，整個農村都籠罩在濃郁的過年氣氛中，家家戶戶張貼春聯門神，插上桃符，希望一元復始，萬象更新。我在這時湊熱鬧的出生，使家中更是喜氣洋洋，歡笑掛在每個人的臉上。

我有幸出生在一個富裕的家庭，三進的大院，樓舍瓦屋，以「回」字形興建，黑油漆的大門，配上一對石獅子，更顯得氣派。

民國二十六年七月蘆溝橋事變爆發，對日抗戰開始，我那年近四歲，是一個好動而帶點強橫的孩子。中日戰爭的戰火，在舊曆年前蔓延到家鄉魯西，鄉人都沈在戰爭的恐懼中。父親命家人整理好逃亡的財物用品，以隨時應變，他則到處打聽戰爭的消息。

那年舊曆除夕，雖然因戰爭的關係，大家無心過年，但，家中仍然煮了一鍋肉，來應應景。

戰爭對將四歲的我而言，無從理解，當然談不上恐懼；我關心的是吃，廚房傳出肉的香味，十足的吸引了我，我賴在廚房，等著大快朵頤。

廚房的肉尚未煮好，父親神色倉皇的回來，大聲呼叫家人，催著快帶東西上車逃難，這時兩輛馬車已在門外待命了。

家人一陣忙亂，驚慌的帶著東西上車，這時已聽到遠遠傳來的砲聲與槍聲。母親在上房拿了一包東西，倉皇地趕回廚房，拉著我上車，但我仍然戀著那鍋將熟的肉，沒有吃到肉，說甚麼也不肯走，母親叫罵也沒有用。在忙亂中，母親急中生智，隨手拿起錫茶壺，在鍋中挖了一杓肉裝了進去，提著茶壺，拉著我向外衝。

上了車，大領（駕車者）把車趕得飛快，這時槍砲聲漸近。出了村莊，野外一片逃難者的哭叫聲。加雜著槍砲聲。

砲彈在馬車不遠處爆炸，騾馬受炮火驚嚇，跑得飛快，家人嚇得魂飛魄散，但我卻緊抱著那壺肉，吃得津津有味。

這次逃難，在外鄉躲避了半年之久，回到家鄉時，房倒屋塌，斷垣殘壁，滿目瘡痍，好在家人沒有傷亡，是不幸中之大幸。家人想起來均心有餘悸，但談到我賴著那鍋肉的饞像，又好氣又好笑。

「初生之犢不畏虎！家人差點被你害死！」慈祥的母親提起這件事，總拿這句話來做結論。我的貪吃，未釀成大禍，還真是吉星高照吶！

我六歲入學讀書，讀的是改良式私塾，教課方式與私塾無異，但課程不再是三字經，千字文等，而是一般小學課本與補充教材，沒有上下課，沒有星期假日，沒有寒暑假期，只有在農忙及過年時停停課。學生上廁所，要經過老師的准許，輪流解決。早有晨讀，晚有夜課，這種讀法，與現在學校相比，一年勝過兩年有餘，因此我在幼年打下了不錯的基礎。

在我讀小學時，是由所謂敵偽漢奸政府統治，除了苛捐雜稅，人民尚能安居樂業，在我生命之中，那段時間還真是屬於黃金歲月。

抗戰勝利的消息傳到農村很慢，中共號稱的八路軍來的則很快，他們搶著接收敵偽地方政府，戰爭頻傳，炮火連天。我們的縣城很快就被八路軍攻陷，像是改朝換代，農村也隨之動盪不安。

「八路軍來了，窮人翻身，打倒地主惡霸！」這是八路軍喊出的最響亮口號。在農村，一般窮人都喜不自勝，地痞流氓都神氣起來，富人們均惶惶不安，我家也不例外。那時家兄在抗戰時，勇投大後方，入伍憲兵學校，畢業後分發部隊，此時隨軍駐在河南鄭州，全家到鄭州投奔大哥，是父親的唯一想法。

在一個黑幕四垂，滿天星斗的晚上，我們全家及親友十多口人，帶著細軟，坐著馬車離開了居住不知多少世代的家園，放棄了房舍，放棄了土地財產，到鄭州去投靠大哥，父母的憂傷恐懼掛在臉上，我也惴惴不安，那將是一個路途多險的行程。

第三天，天色大亮時，路過一片樹林，有隻烏鴉當頭鳴叫，烏鴉叫在北方認為不祥之兆，我們聽了誰都不敢講，實在很應驗，在當天傍晚時被地方民軍攔了下來，那是一個陌生的地方。

雖然父親一再辯說是去訪親探友，既說不出正確的所在，也說不出親友的名字，經過一物不遺的檢查，確定我們是逃亡地主，乃派兵押送回鄉。這時在我小小的心靈中，充滿了恐懼，依在母親懷裡低泣。

在遣返的中途，在飯店吃飯時，父親趁押送人員不備而逃走。父親以三十六計走為上策，並非不顧親情置家人於險境，只是衡量得失，不走有殺身之禍，走了，中共雖狠毒，尚不致株連妻小，大不了清算鬥爭一番。同時這齣戲因主角不在，由配角來唱就沒甚麼意思了，就可能公式化了。

父親的趁機逃脫，押解軍差大怒，年長的男性都綁了起來。到了鄰近縣城，都送進監獄，那年我不到十歲，也未因年幼而倖免。母親及姐姐因無女性監獄，則安置在民家看管。當我被帶走時，母親的悲泣與不捨，那情境至今難忘。

中共的監獄由民宅改裝，一座大廳裡擠滿了犯人，地上鋪著麥桿，犯人側身而臥，或依牆而坐。各個蓬頭垢面、無精打采，室內空氣污穢，臭氣沖天。

祖父那年以八十高齡，行動遲緩，迭遭共軍責罵。我進入監獄後，即哭泣不停，共軍喝止，我也不加理會，他們送來的監飯，我也不吃。弄的共軍沒有辦法。

如此僵持了一天，共軍頭目把我叫出來，好言對我安撫，我也不予理會，問我甚麼也不答，只有一句「我要我媽媽！」他對我大聲喝斥，企圖嚇住我，但我不畏強橫，仍然故我。

共軍頭目見我如此倔強，軟硬都不吃，一時無計可施。大家商議了一下，認無逃脫可能，就把我送到母親那裏去，逃過持續幾日的牢獄之災。

共軍把我送到母親的住處，母子抱頭痛哭。押送的共軍表情也頗黯然，看到他以手帕擦拭眼淚，人究竟是有情感的動物。

這位共軍告訴我母親說：「你兒子軟硬不吃，連有老虎之稱的司法科長，拿他都沒辦法，這孩子將來有出息！」

共軍的誇獎，使滿面愁容的母親，獲得不少安慰。這是我今生第一次入獄，也是最後一次入中共的這樣監獄，我年紀又這麼小，真是時代所造成的人性扭曲，是時代造成的悲劇。過了五六天，共軍把我全家送到縣城，祖父等人又進入監獄，我則倖免。在鄉人對祖父押解返鄉，舉行清算鬥爭之前，父親潛回，單獨帶我逃出虎口。

在縣城我親眼目睹到所謂的清算鬥爭，方式與文化大革命中，紅衛兵的手法差不多，實在不願浪費筆墨，再來描述。

那是一個夜晚，父親回來看我們，他已成逃犯，家鄉不能再待下去，要帶我去鄭州，託付給大哥；再計議如何接出家人。逃亡地主的家屬，也不是什麼大罪，最後的結局還不是清算鬥爭，房產充公而已。

父親以腳踏車帶我到了濟寧，買通一家船主，乘小船由運河經微山湖前往徐州，整整坐了八天的船，每天望著浩瀚的湖水，日出日落，真不知今夕何夕？此處何處？想念母親，時常暗自落淚。

船到韓莊，已是我政府國軍所轄，父親大大的鬆了一口氣，就帶領我轉往徐州再轉鄭州。在鄭州見了大哥，多年不見，今日相會，十分高興，但一談到那段家庭遭遇與目前家人的處境如何？不勝哀悽與憂慮。

所幸不久，國軍收復了家鄉，父親又回家把母親等接了出來，一家重獲團聚，我繼續就讀小學。讀的是維新一校，校長胡天育。

民國三十七年，我十二歲多幾個月，在鄭州讀小學剛告畢業，此時，中原戰事逆轉，中共軍逼近鄭州，危在旦夕。三兄早在幾個月之前到徐州加入了山東流亡學生的行列，來信探詢我是否願往。家中只剩我一個男孩，母親當然不願我離去，父親一時拿不定主意。而我對父親的管教方式有些不以為然，同時時局甚亂已無書可讀，有讀書的機會自不願放棄，因此我表達前往的意願。以一個十二歲年紀的孩子，離家別親，投向一個未知的環境，我有這份勇氣，大出父母的意料之外，父親認為我有志氣，母親含著眼淚，也沒有別的話好說。

中央銀行鄭州分行撤退到南京的專車，預定三天之內開出，友人在該行服務，他們全家為搭此專車撤退，乃向父母告別。因專車經過徐州，父親特別情商他們帶我一程，到了徐州由我三哥來接。友人面對幼小的我，雖有不同的意見，但因逢亂世，人的吉凶以及前途都是未知數，既有此決定，不便置啄，就答應下來。

母親為我整理行囊，在棉衣縫了兩塊袁大頭，並帶了可供半年之需的現金，我就隨中央銀行撤退專車，踏上了征途。分別時母親淚流滿面，泣不成聲，父親也溫和的向我表示，如果不願去也就算了，我的表情則很堅毅，父親也未再改變立場，因為父親對時局還抱有信心，認為這不過是暫時的分離，時局安定，家人團聚有期。

事實上，全出了父親的意料之外，我到徐州之後，加入了山東第三聯合中學，就是長期離家，流亡的開始。

在這裡要說一說，山東第三聯合中學的背景。民國三十六年濟南被中共擊破失守之後，一些中學生，不願在中共統治下過生活，這時山東教育當局，獲得政府同意，在徐州成立山東流亡學生收容站，加以組織編隊，以先後為序，成立了八個聯合中學，我與三兄參加是三聯中，有數百人是我們鄆城縣同鄉，包括表兄蘇本寬在內，領導我們的是鄉長李友松先生。

我那年不滿十三歲，身材瘦小，是不具加入資格的，一則是兵荒馬亂加入沒有那麼嚴格，再則鐵路不通，也沒有了退路，過河卒子只有拼命向前了。

流亡學生的生活，至今都不想回憶，那真是血淚斑斑：

學校在徐州整合好，先到南京待命，那時鐵路交通，人潮洶湧，想擠上車很不容易，同學們相互幫忙，才能擠得上。到了浦口又要轉輪渡到下關，在下關整合後，步行到新街口，每人背著大行李，真是折騰死人，我年小體弱，幸得同學幫忙，才渡過難關。

南京那時是政府所在地的首都，我們被安排住在青年會。南京是六朝金粉，名勝古蹟有中山陵、明孝陵、玄武湖、雨花台。當時國難當頭，內戰正熾，我們哪有心情去遊覽。還好夫子廟位在市區，是遊樂場所，說書的、唱戲的、賣藝的、飯館、茶館、酒樓，應有盡有，非常熱鬧，我隨同學遊了半天。

由於南京是首都，當時兵荒馬亂，各省市的官員難民向這裡集中，因人滿為患，各方有些應接不暇。三天之後，學校奉命到杭州待命。

在杭州我們暫住在惠蘭中學禮堂，當時我是北方人麵食吃慣，改吃米飯，有些水土不服而拉肚子。杭州人廁所使用的是圓形便桶，廁所沒門窗，杭州人可以一面大小解，一面與朋友談笑風生。第二天一早滿街是挑便桶的人。我對這種廁所方式很不習慣，但是拉肚子，上廁所又頻繁，真是活受洋罪。

「上有天堂，下有蘇杭」，杭州西湖美景冠天下，像我這樣的遊子思鄉思親，哪有心情細心遊覽，倒是對岳王廟秦檜夫妻跪拜像，很有興趣。還賞了他們夫婦兩個耳光，氣他們殘害忠良，他們夫婦的臉早被打得光亮光亮。

學校奉命到湖南的衡山，搭火車坐了五天四夜才到達了目的地，火車走走停停，狀況不斷，吃飯上廁所都是問題，所好的是大家戒慎恐懼，生怕脫了隊，忍饑耐寒已算不了什麼，有些同學還故意把氣氛弄的輕鬆些。

到了湖南衡山，學校住在霞流市附近的李家大屋，暫時安頓了下來。李家大屋真是名副其實，依八卦而建，有數百間房子，可住三千多人。

湖南衡山多雨潮濕，同學長期不洗澡，很多人生了疥瘡，嚴重的手臂都是膿包，真是悽慘，所幸我沒有被傳染上。

一個學校數千人，住在李家大屋，實在太擁擠，於是學校成立二分校。我們二分校分到不遠的曹家大屋。二分校校長則是李友松先生。

住的問題易解決，吃的問題則很麻煩，主要同學們都在青春期，需要營養，但每天連飯都吃不飽，搶飯的情況時常發生，搶飯的技巧是一平二半三超滿。就是盛第一碗時飯與碗平，快速吃完，第二碗只盛一半，還有盛第三碗的機會，第三碗就不客氣了來個超滿，就可以吃飽。我年小體弱，往往爭不到第三碗，因此每天都處在半飢餓狀態，至於所謂的菜，僅是一盆鹽水，上面漂幾片菜葉而已，真是聊備一格。

這樣雖然吃不飽。總還是有飯吃，後來因戰事吃緊，學校無米配給，而不得不斷炊。這時同學四散到民眾家乞討，湖南人很仁慈，只要是開了口流了淚，都會叫你吃個飽。我年紀小占很大便宜，沒有想到在湖南當了叫花子。

我曾記得老師帶學生代表到攸縣縣府請求援糧，我年紀小是最適合的代表，早上出發，晚上回來，走了一天的路，水是喝夠了，但沒吃一粒米，飢餓難耐，步履維艱，幾乎昏倒在路旁，同學們強忍著飢餓，默默走著，沒有人說一句話，心裡在淌血。

我不久就因體弱加上營養不良，得了回歸熱的病症，先是發高燒，四肢無力，無法站立，接著就是流鼻血，那時沒有好的醫生及藥品來醫治，只有硬撐，躺在床上靜養。這種病很怪異，病好了之後，要小心謹慎，穿少了受寒，穿多了出汗，吃的太飽或太餓，都很容易復發，這次大病沒有使我命喪衡山，魂斷湘江，真是老天保佑了，生病的人特別想家，不知流了多少眼淚。

中共渡過長江，有横掃江南之勢，學校又奉命到廣州待命，有幾位老師和同學對時局已沒有了信心，就留在湖南，待機返鄉，大部份跟定了政府，隨學校到廣州，決定了不同的命運。

在廣州待了三個多月，戰火燎原，人心浮動，但我也在此卻感受到人間的溫暖，與人性最善美的一面。

我們到達廣州，分配住在東山區的一所小學，同學們解下簡單行囊，就地打地鋪，大家過慣了流浪生活，都能隨遇而安，並未感到任何不便。但無法團體舉炊，解決三餐問題，則感到十分頭痛。學校在無法可想之下，只有分發食米及菜金，由同學自行處理。當時三、五人買鍋自炊者有之，以米易飯者有之，到民間借灶做飯者也不少，我與表兄四人屬於後者。

那年我十三歲，因流離奔波，營養不良，看起來比一般十三歲的孩子小了一號，再加大病初癒，更是瘦弱的有些楚楚可憐。到民間借灶舉炊，通常會遭受婉拒，而我這種年齡與外形，很易獲得同情，只要我小將出馬，幾乎無往而不利。

也許老天保佑，幸運之神降臨我身。一天我同表哥四人帶著米菜，向東山區一家民宅請求借灶舉炊時，女主人是一位體型福態、面貌慈祥的中年婦人，她得知我們的來意，接觸到我乞求的目光時，也許是見我年紀小、落難異鄉，而產生了同情之心，她含笑應允。動手為我們張羅了一頓午餐之後，她慈祥的拉著我的手說：「你們這樣求人也不是辦法，我家人口簡單，只有一夫一子，你們每天中午一時、晚間七時，來我家吃飯好了，我多做些飯菜，也沒有什麼不便，你們看好不好呢？」這位夫人的好心，我們非常感激，但總感覺無功受祿，有些過意不去。我們要求米無論如何都要收下，夫人為了我們的自尊心，也就含笑答應了。

自此以後，我們每天中午一時、晚間七時，按時到她家就食。她們一家為第一攤，我們是第二攤，每次飯儘量吃，且有菜有湯。在一年的流亡生涯中，從沒有吃過這種美味可口的飯菜。夫人見我衣衫破舊，還送給我一些衣服穿，我們在她家獲得了愛心的照拂，也獲得了家庭的溫暖。

在廣州過了半個多月，飽食終日，精神愉快，我的小臉也紅潤了不少，都是這位善心夫人的恩賜。

不久學校要撤到臺灣去，當我們向她告別時，我忍不住淚流滿面，泣不成聲。她送給我們一些罐頭與暈船之藥，並叮嚀我們珍惜這一緣份，到臺灣後能與她通信連絡。

古人對一飯之恩都念念不忘，我們寄食將近一月，這份恩情，真是沒齒難忘。可惜來臺不久，廣州淪陷，無法通信，使我感到無限的遺憾。

某一天，我與表兄等到黃花崗七十二烈士墓遊覽，步行很久，天氣炎熱，口渴難耐，但又無錢購買飲料，於是就到附近的住家討點水喝。當時看到三位中年夫人在房簷下聊天，我禮貌的向她們說明來意時，想不到這三位夫人也是北方人，她們聽到我操山東口音，態度非常親切，你一言我一語的詢問我到廣州來的經過與遭遇。我一一回答之後，心軟的她們忍不住流下了眼淚。她們認為我這麼小就離鄉背井、浪跡天涯，實在是時代的悲劇。她們不但拿出了茶水為我們解渴，一位太太還把與我同年的兒子叫了出來，告誡說：「這位哥哥與你同年，離開爹娘，流浪到此，多不容易啊！你比這位哥哥幸福太多了，現把你的零用錢給這位哥哥，你願意嗎？」小孩不住的點頭，這位夫人乃將十五元港幣塞入我的手中，說是三個人的一點心意，希望我收下，千萬不要客氣。我再三推辭不果，眼眶內含滿了淚水，在場者無不動容。

那時十五元港幣可買不少東西，錢不在多少，而貴在戰時那份真摯的感情。

這三位夫人我不知她們姓名，當然也無從回報，她們也不求回報，但五十年了，我仍忘不了那溫暖的手、那充滿關懷憐惜的眼神。

有一天我到了一大寺院，寺院香火鼎盛、遊人如織，寺院寶塔高直聳立，有不少人登塔遊覽。我在登塔入口處佇立，一位身材魁武、身穿黃色僧衣的和尚在守門。我向這位塔口收票的和尚說：「我是山東流亡學生，沒有錢，能不能讓我免費登塔參觀一下呢？」想不到這位出家人以山東話問我說：「小兄弟！你是山東那裡人？咱們是老鄉啊！」於是我們攀談起來，原來他曾是一位軍人，因為看破紅塵在這裡出家當了和尚。他了解我的情形後，真是老鄉見老鄉，兩眼淚汪汪。他叫我登塔遊覽，表兄也跟著沾了光。

登塔下來！我向他道謝並道別，他叫我不要走，從口袋中掏出十元港幣塞給我，並用力壓著我的手說：「同是天涯淪落人，在數千里外的廣州遇見老鄉很不容易，這錢給你買糖吃！」我再三推辭。他說：「人不親土親，我們有緣，再推來推去就失去山東人的痛快了！」我道謝而去，他叫我有空再來談談。

不久學校遷臺，離開廣州，辜負了這位老鄉要求再見的盛情。

在廣州住了三個多月，學校奉准入台，我們就隨學校由廣州乘濟和輪到達台灣澎湖。大家都沒有坐大輪船的經驗，這是第一次特別興奮，每人發了一包餅乾，供在船上吃。船行半日風平浪靜，但越向前駛，搖動越厲害，語云：「大海無風三尺浪」，誠然如此。有些人已經吐了。過了幾個鐘頭，遇到狂風暴雨，海中巨浪排空，船顛跛猶如搖籃，嘔吐的人最初吐食物，再吐吐黃水，最後連綠色的膽水都吐出來了。整個船艙嘔吐及呻吟聲不斷，真是慘不忍睹。好不容易船到了澎湖，大家下了船，有一些軍人引導我們分別在漁翁島住下。

當時澎湖防衛司令部司令是李振清，他是山東人，行伍出身，曾任四十軍軍長，部隊以河南人為骨幹，後來軍隊打垮了，帶領殘餘官兵來到了台灣，他想招兵買馬，我們這些學生都成了他們的籌碼。

山東四五聯中比我們早到台灣，他們住在馬公島，李振清手下的師長，要將他們編兵，在集合廣場宣布時，遭到同學們集體抗議，他們就派兵以武力制服，用刺刀刺傷幾個帶頭同學，在他們的淫威之下只有屈服一途。

這事件發生後，整個澎湖籠罩著白色恐怖，年長的同學都編了兵，我們年幼及女同學，則集中在馬公國小。

年長的同學分別被編入一一五及一一六兩個團，班排長大都是目不識丁的老兵，同學們不會服氣，他們則採用高壓方式，據說有的以匪諜罪名，裝入麻袋投到海裡。

李振清手下的韓鳳儀師長，不但迫害同學，連校長都被誣告為匪諜，煙台聯中的張敏之校長與一位鄒鑑校長，被不清不楚的以匪諜罪名槍斃，其實他們都是山東國民黨的高級幹部，後經山東籍在政府有地位的人士抗議，政府乃認了錯，人死不能復生，只有送入忠烈祠，以慰英靈。

其實在國難當頭，同學們不是不願當兵，要當兵係青年軍一類，並有發展管道與前途，不是在刺刀下，當拉夫式的小兵，當成他擴充兵力升官的棋子，被踏在腳下成為被壓迫者。

我三哥被編了兵，我則被送到稱為澎湖防衛司令部子弟學校，住在馬公國小。那時管理我們的是幾位教官，他們對這些年幼孩子及女同學，猶如土皇帝，有事沒事的集合對大家大罵一頓，不聽話的則施以體罰。

也許是流亡的生活過怕了，當聽說省立馬公中學的簡師部招生，學生享受公費，學校有宿舍，有餐廳，許多同學都去考，我也報名參加考試，沒料到一考而中，我就進入了省立馬公中學。馬公中學當時有不少大陸來的學生，大家以校為家，校長張開嶽先生曾當過縣長，人很慈祥，辦學認真，我們受惠無窮。

在馬公中學簡師畢業後，順利考取了省立花蓮師範的插班生，從普師科二年級讀起。

花蓮師範位在花蓮的花崗山上，太平洋之濱，環境非常好，同學集體住校，全部公費，是一以校為家的好所在，我在此度過了兩年的讀書歲月，寒暑假有家的回家，我們十來位同學無家可歸，仍住在學校，師範學校在當時真是窮苦子弟的天堂。

師範學校畢業後，在鳳山陸軍官校接受了四個月的預備士官訓練，就分別先在台中空小後在台北士林國小教書，並準備功課預備參加大學聯考，以便進入大學深造。

在小學教書三年，服務已告期滿，可以參加大學聯招，考了兩三次才考取了私立世界新聞專科學校編採科，學校為老報人成舍我先生所創設，先為高職後改為專科，學校在草創期，設備簡陋，但師資不錯，有當時頗負盛名的胡秋原、陶百川、蔣匀田、阮毅成、沈雲龍等教授，名作家潘琦君教我們國文，在此讀了三年，自認收穫不少，所謂的名師是在使學生在思想觀念上受益。

在世界新專讀了三年，畢業後又插班中興大學的法商學院公共行政系，學校在合江街，在這裡讀了兩年，總算如願以償的戴上了方帽子。我讀書過程曲曲折折，也總算有了結果。

大學畢業後，先在基隆市立一中任教，學校是一完全中學，有高中部，後來在旅館業出名的嚴長壽，籃球界出名的洪濬哲，名歌星趙曉君，都是出自該校。

教了兩年中學，又轉入新聞界任中華日報的基隆駐在記者，主跑府會新聞，仍在中學兼課，俾多點收入，生活過的還算平靜。

二、台中空小師生情

民國四十四年六月，我在花蓮師範普通科畢業，分發至台中市四民國小教書，教書不久，被召集在陸軍官學校接受四個月的預備士官訓練，在南部鳳山渡過了四個月的緊張艱苦的訓練生活。結訓後開啟了小學教師生涯。

我教書的學校名叫四民小學，位在台中市北屯區，距水湳機場、空軍眷區很近。那時國小教師待遇菲薄，學校沒有宿舍，住食都成問題，在沒辦法之下，只好在水湳租房子居住，另在一家小食店包伙，每月除食宿之外，薪水所剩無幾，生活非常清苦。

當時的台中空軍子弟學校，位在台中市雙十路忠烈祠旁，住在水湳的空軍子弟，每天都有軍用大卡車接送，我想我能去空小教書，那再好不過了。

在一次同學的聚會中，碰到在空小教書的學長張元政，他說空小校長吳慶寅先生，是花師的前訓導主任。空小教師中師範科班出身的較少，因此對花師剛畢業的年輕同學，非常歡迎到空小任教。在空小教書有宿舍可住，有食伙團供食，享空軍少尉待遇，與普通國小教師待遇尚有不足，差額則由教育廳補足。更好的是可享軍人半價福利，並發一套空軍軍官制服，如此算來待遇更優於一般國小了。聽了張學長的話，我有些心動，經他向吳校長推薦，吳校長立即約談並伸出歡迎之手，於是我就在民國四十六年暑假過後，轉到台中空小任教。

當時吳校長住在校門口的一棟樓房中，他夫人寧馨是老國大代表，看起來精明幹練，比吳校長風頭還健。他有兩個兒子，一個叫吳寧，一個叫吳憲。

當時學校的教務主任是劉進德先生，他與吳校長是同鄉，曾在花師附小任教，與我也有一面之識。我被安排在教務處工作，輔佐劉主任，並任歷史、體育等科老師，工作不算繁重。我那時年紀二十多歲，穿上藍色的空軍軍官服，騎著新買的腳踏車，來往雙十路，實在拉風的很。

空小的學生，生活在眷村。都說得一口四川話。當時軍人生活普遍清苦，學生都很樸實，有的兄弟姐妹眾多，家中環境不是很好，在學習上頗受影響，學校教育顯得更加重要。

民國四十五年以後，國小學生增多，而中學的增加則較遲緩，因此產生了升學壓力。一般小學到了五六年級，課外補習非常嚴重。因為升學至上，學生上課課程很不正常，空小是較正常的，因此在升學競爭上就顯然吃虧。在民國四十五至四十七年間，空小的升學率不是很好，有的家長將子弟轉入居住附近的普通小學，學生有些流失。家長會及空軍主管單位，也給學校不少壓力，吳校長在多方壓力下，力謀改進之道。

吳校長首先聘進部分師範專科的畢業生，改進教學，如花師同學井孝恕，台南師範的孫德華，丁洪哲，中師的李玉麟、李莉珠等。

民國四十七年進入暑期後，空小加強升學班級的教學，王品凡老師主導六甲，李樸老師六乙，我與井孝恕老師合教六丙，李玉麟老師負責六丁。當時真是做到臥薪嚐膽，生聚教訓。每天教室上課，時有板子之聲。當時不但教學加強，更連絡附近的多所小學，舉行升學摸擬考試，每月一次，瞭解學生學習不足之點，加強學生考試能力。一年下來，四十八年的升學考試，空小畢業生大有斬獲，升學成績之佳，破了紀錄，使空小聲譽大振。吳校長獲得嘉獎，李樸老師成了升學班名師，我與井孝恕老師，也為台中空小的中興振弱圖強，盡了點棉薄之力。

我在台中空小任教前後三年多，三年中經有不少趣事與大事，現特寫下來是很好的回味：

我到空小任教後，就領了一套新的空軍藍色軍官服（後來就改發中山裝了）。同時也領了同少尉的補給證，真是軍民一身兼。

我在假日出去旅遊，或去看場電影，都會穿上筆挺的軍官服，可以享受半價，同時也神氣的很。

一天我同一位老同事約去看電影，在電影未開演前，我們坐在座位上等待，那時有兩位年輕太太坐在旁邊。她看我們穿著整齊，神氣十足，一位就搭訕的問我們，在空軍什麼單位工作。這位同事一向喜歡吹吹牛和開開玩笑，大言不慚的用手指著天花板說：「我們是飛的！」他國語說得不太標準，把「飛的」說成「灰的」，這位太太聽不明白，連著問「什麼！什麼！」他連忙用兩手作架駛狀，又說一句是「飛的！」這次說得標準了些，這位太太見狀乃說：「原來是飛將軍呀！失敬！失敬！」朋友回以微笑。我則臉紅到耳根，因為那天我帶著近視眼鏡，那有近視的飛將軍呢？電影散場後，我向同事抱怨不該吹這個牛，同事笑著說：「吹牛並不犯法嘛！開開玩笑而已！」

空小六年級學生，全體參加升中學的模擬考試，考國語科時，作文題目沒有印在考卷上，臨時由監考老師寫在黑板上，因此考卷上印有「作文題目寫在黑板上」字樣。有位學生考試緊張，他把「作文題目寫在黑板上」當做了作文題目，乃抱怨的寫：「真想不到老師會出這個怪題目，作文題目寫不寫在黑板有什麼重要，有什麼關係呢？我對這怪題目實在寫不出什麼來……」我們看這份考卷都引為笑談，這位學生真粗心的可以，挨老師一頓板子，也是應該的。

空小單身教師宿舍，在靠近馬路的一排，有六七間瓦房，有的一人一間，有的兩人住一間，我與井孝恕老師住同一間，通常我們把洗臉盆與鞋子都放在床底下。八七水災那一晚，雨下很大，我與老井睡得比較早。到了三更半夜，隔壁房屋傳出吵雜之聲，我被吵醒了，高聲責問他們三更半夜吵什麼？使人不成眠。隔壁的老師回道：「老李！你真是不知死活的東西，你們打開燈看看！」我開燈一看，水已滿到床沿，臉盆及皮鞋都飄了起來，趕快起身處理善後，幸好水沒漫過床鋪，面對屋內屋外汪洋一片，再也沒有睡意了。

空小右側一條大水溝，激流滾滾，幸好空小教室地勢較高沒有淹水。

這時我想到有部份住在附近的女同事，有的先生不在家，可能為水所困，我就前去幫忙解決問題，像程傳敏老師對我就很感激，我也得到了助人的快樂。

我在四十八年秋離開了台中空小，到台北工作。離開的原因是我還年輕，想考大學深造，在空小再教高年級，很難達到升大學的目的。

在台北我很幸運的進到士林國小任教，並且有宿舍可住。

我有幸在台中空小教書三年多，更有幸在民國四十七年擔任六年丙班的級任導師，和學生們一年的筆硯相親，朝夕相處，建立了濃濃的師生感情，自此大家心手相連，相互關懷，歷半個世紀而不衰。

我擔任六年丙班導師之時，師生之間年齡相差不過十來歲。我今年年近八十，同學們也已過六望七了。最近的一次同學聚會，是在忠孝東路的唐威西餐廳，到有同班同學十七人之多，大家共聚一堂，回首前塵，話話家常，其樂融融，溫馨無比。

像這樣的聚會，由於大家散居各地，家庭工作狀況各有不同，舉行一次聚會並不是件容易的事，全靠召集人的耐心連絡再連絡，再加上大家都珍重師生情的凝聚力，才使聚會圓滿進行與收場。

同班同學在半個世紀後，仍能經常聚會在一起，固然是難能可貴，更可貴的是師生之間，平時不拘形式的相互交往與關懷，現在我願把五十多年的空小師生情，點點滴滴的寫下來，這當是最美好的記憶，也是一樁佳話，這份師生情，似乎是空軍子弟學校特有的。

我先談一談與于超屏的師生情誼，超屏在空小讀書時，父母雙亡，與姐弟由舅舅撫養，身世堪憐。生活的歷鍊，他比一般同齡的孩子成熟一些，他聰明穩重，人也長得清秀可愛，當時被為推為班長，是我的好幫手。我是一個少小離家，隨山東流亡學校流浪大江南北，吃盡苦頭的人，命運相同，對他自然多了一份關懷。

超屏一直很上進，大學讀文化大學韓文系，雖然冷門了些，但當時與韓國邦交穩固，來往密切，韓文系就相對吃香。交換學生，赴韓留學都比較輕易。超屏大學畢業後，先在救國團工作，很得長官賞識，後因韓文特長調任教育部國際文教處工作。國際文教處負責國際文化宣傳，常派往國外使館或代表處工作，因此超屏常期在韓國、泰國等地使館或代表處工作，表現優異，很早就升為文化參事，屬於高級文官。

超屏在救國團工作時，就與我連絡上，那時我在基隆一中教書。後來我由法國返國，在中央日報工作，超屏外派韓國，則常相存問。我去韓國旅遊，超屏熱情招待，請我吃最到地的韓國烤肉。有時超屏調部工作，我任中央日報國際版主任，很多預算編在教育部國際文教處，我們有著業務往來，他幫了我們不少忙。

最令我感動的是每年春節，年夜飯過後，總會接到超屏的頭通拜年電話，超屏做人處事，非常圓通周到。

前年超屏屆齡自公務員崗位退休，定居在桃園。他歌唱的好，酒量更佳。有一次我們一同參加一項活動，親眼看到他喝了半瓶金門高粱。回到旅館我們同居一室，我因勞累先睡了，一覺醒來，看到他的床鋪空空，三更半夜，人到那裡去了呢？到洗手間一看，他老兄正坐在馬桶上呼呼大睡呢！他真是一位官做的算大，沒有官氣，很親切率真的人。

與我接觸最多的六丙學生，應該是甯慧君，慧君高護畢業，曾從事護理工作，後來嫁給一位好老公，就一直幫助老公創業。她的夫君陳公越先生，成功大學土木系畢業，頭腦一流，對建築結構的計算又快又好，開了一家公司自當老闆，業務一直興隆，並不受景氣與否的影響。慧君幫助夫君，很會理財，財富的累積自不在話下，在同學中應是富婆之流的。

慧君與公越住在民生社區，我由法回國在中央日報工作時，與她夫婦常有往來，後來她的二女兒貝貝與小女亦莊在私立復興小學同班，我們兩家來往更加頻繁，時有兩家共同出遊。貝貝是位天才兒童，讀小學數學就有中學生的程度，後來留學美國，獲得了土木工程博士，女孩子成就如此，甚是了得。

慧君秀外慧中，待人接物溫柔婉約，內人對她非常欣賞，推崇有加，師生情誼變成通家之好，這真是一種緣份。

談到林桂慧，她是我的大恩人。民國六十九年間，我時任中央日報經理部副總經理，主管廣告業務，每天均在晚上九時左右下班。當時我住在東區大道路協和工商附近。一天下班，行經巷道的十字路口，一輛急駛的計程車將我撞倒，大腿骨折斷，滿臉是血，送到台大醫院，在急診室加以處理，靜待住院安排。到第二天中午還沒等到病房，報社出面，仍碰到台大醫院這慢郎中。這時桂慧聞訊來醫院看我，看到這種情形急的不得了，那時她的夫君黃先生任馬偕醫院副院長，她打了一通電話叫救護車，把我按排到馬偕醫院開刀醫治。那時我的右大腿骨骨折，非常嚴重，經該院由骨科專家主治，桂慧特別關照拜託，使我得到良好醫治與照顧，並未留下任何後遺症，你說桂慧不是我的大恩人嗎？每想起這件事，都對桂慧感恩不已。

桂慧在空小讀書時，聰敏好學，功課很好，頭髮黃黃的，真是個黃毛丫頭。再與她見面時，已是馬偕醫院副院長夫人。黃副院長與桂慧同是東海大學同學，兩人戀愛到結婚，經過不少的努力與奮鬥，方修成正果。她們伉儷情深，恩恩愛愛，令人羡慕。

桂慧大學畢業後，曾任中學教師，教學認真，深獲學生的敬愛。離開教職之後，相夫教子之餘，從事社會公益工作，先在生命線任重要角色，繼而加入慈濟陣營，獻身慈善事業。

黃副院長為醫院管理專家，除馬偕醫院外，尚在慈濟、耕莘等大醫院擔任副院長，他們住在台北早期的別墅社區挹翠山莊，住宅為三層別墅，裝潢的很有品味，安靜舒適，桂慧在他居住的安適上，花費了不少心血。

桂慧住宅有兩套卡拉ＯＫ設備，我時常受邀在她宅中放情高歌，他們夫婦都很會唱歌，經常以歌會友，我常想假使桂慧是男兒身，表現的當更傑出。

許禎華在班上一直是模範生，班上排名第一非他莫屬，不管期月考或摸擬考，她總是拿最高分，他寡言少語，身體有些瘦弱單薄。

以禎華的天份與讀書用功，升學一直很順利，大學讀的是台大經濟系，畢業後在經合會工作。

禎華的夫君是他台大同學，民國八十年左右他任海基會經發處副處長。有一年海基會組珠江三角洲台商參訪團，她的夫君為海基會派選人員之一，我時任中央日報國際版部主任，石永貴社長派我參加，被推為記者團副團長，他夫君對我很客氣，也口稱老師。

禎華與他夫君都是讀書人，學有專長，個性內歛，都很早退休，現下居住新店。

在我教書的過程中，很少像禎華這樣學業優異，並很細心的人，在升學模擬考試中，一大張國文或算術考卷，她竟能全對，不出一點錯，實在太了不起了。

李莉常被同學稱為「老闆娘」，因為她的夫君彭君平是上市公司憶聲電子的董事長。不過李莉雖貴為董事長夫人，日常仍很樸實，不會珠光寶氣，盛氣凌人，我想這與他出身空軍子弟學校有關。

李莉在空小讀書時就長的亭亭玉立，是個漂亮的女孩。她的父親李明軍是飛行員，很關心李莉的學業，常來校與我溝通，因此有了很好的交情。

李莉住在國父紀念館附近的逸仙路，有時會在國父紀念館碰到他們夫婦，彭先生長得英俊蕭灑，事業有成，與李莉真是珠聯璧合，佳偶天成。

我在中央日報工作時，李老先生要成立小型航空運輸公司，常找我商談，聽聽我的意見，可惜我是外行，但我還是介紹了本報大廈樓層租戶，某航空公司的董事長斯重慶先生與他認識，李老先生後來成立了公司，也買了架小飛機，後來還是倒閉收場。

憶聲電子還沒上市時，我在中央日報任副總經理，主管廣告業務。彭先生有時會在本報刊登廣告，為我捧捧場。這當然因我是李莉老師的關係，說來說去我與李莉與李父算有兩代交情。

李廣濟與李增華兩個人同在六丙同班，當時兩人個頭長的並不出眾，不想長大後兩人都是身高近二米的彪形大漢，都是籃壇健將，一個打裕隆，一個打陸光，並同時打入國家代表隊，實在不容易。他們自籃壇退休後，兩人仍焦不離孟，孟不離焦，仍在老馬隊打球。卜幼夫先生的夫人尚雲台，是他們的領隊，又多一層關係，因幼夫先生是展望雜誌負責人，新聞界前輩。

廣濟在籃壇退休後，在裕隆汽車公司工作至退休。夫人在台電任處長，事業有成，兒子尤為出眾，一家和樂。增華離開籃壇後，在永吉國中教體育，退休後有退休金可享，也很不錯。

廣濟在小學讀書時，是個好動兒，大錯不犯，小錯不斷，沒少挨打，他父親李昇如為文藝界先進，在台中一中教書，大哥李廣淮則是中國時報名體育記者。

廣濟人很風趣，我們第一次聚會見面時，他以一米九以上身高將我一把抱起，大叫「老師！您還敢打我嗎？」引得大家哈哈大笑。廣濟好酒，非高粱酒不歡，以前內人聽說廣濟他們來我家吃飯，總先把臉盆水桶準備好，怕他們喝醉時，大吐特吐，廁所馬桶不夠用。

劉龍飛官拜少將，曾以軍法官身份，審問過很多大案，退休後掛牌做律師，事務所在福州街，業務鼎盛，是台北名律師之一。

我雖然潔身自好，與人無爭，不需要擔任律師的親朋來做靠山。但有個做律師的學生，心裡總比較踏實一些。我雖沒找龍飛為我打什麼官司，但我的表侄女小青，與丈夫打離婚官司，龍飛就幫了不少忙，而且分文不取，全看在老師我的面子。事實上與律師談話，通常是按時計費的，我時時不忘這份情，每次見面提起，龍飛總是說：「沒什麼！有事弟子就該服其勞的。」

龍飛的夫人是軍訓教官，在木柵興隆路的中國工商專科學校服務，她有音樂專長，退役後改任中國工商音樂教師，該校校長黃加昌是我的同班同學，龍飛感謝黃校長，邀請他一聚時，總會邀我參與。

周一申是在六年級上學期由台中國光國小，轉到空小丙班，成績很好。他父親周雞晨，在上海新聞界是享有盛名的新聞人。來台灣後在省新聞處工作，並是集郵專家，母親筆名靜好，是烹飪專家，出版有食譜專書，一申是他們的獨子，甚得寵愛。

一中文化大學畢業，畢業後在西門町附近的遠東百貨公司服務，任總經理辦公室秘書，當時我任職中央日報任經理部副總經理，主管廣告業務，與一申時常見面，他與內人孩子們也很熟，一申身高一米八。長得一表人才，但由後來的發展來看，有些懷才不遇。

一申是老來子，周雞晨先生因年齡問題，很早就從新聞處退休。他去世後，我曾在中央日報副刊，寫了一篇追念周雞晨先生的文章，一申非常感激。

一申從職場退休較早，與我常有連絡，小兒在參選內湖南港區市議員時，他特熱心的前來幫忙，東奔西跑，盡力協助競選，非常辛勞，我們都很感謝他，我與他這份師生感情是真摯的。

在空小我教的六丙男生們，唯一未結婚的就是許士美，許士美在小學時就長的較瘦小，後來一直沒有長的高高大大，因為這樣，他對女孩子總缺少一些吸引力。

內人曾為他介紹過女朋友，那是一個很好的女孩，就是富態了一點，士美竟看不上眼，後來士美一直沒戀愛結婚，是個老光棍，我想士美今生是個和尚命。

士美有技術在身為同學稱道，他會修電視機與電腦，並可為人裝大小耳朵，他就為我裝了一座小耳朵，可收大陸十幾個台，尤其戲劇台，每天播出京戲，名家輩出，為我晚年提供了娛樂，帶來生活的調劑。

其他如邵昌祿，他兄弟四人，哥哥昌福，弟弟昌壽、昌財我都熟識，昌壽昌財二人是我在中央日報的部屬，自然多所存問。在美國的李昭明、虞若璽、甄松波他們只要回國都會見上一面，話舊一番。

此外，不住台北，住在台中市的同學也不少：陸瑞雲空軍上校退伍，帥氣並有好歌喉。芮菲、葉貴陽均為中學女老師，培育英才。舒川鳳、李木秀仍熱心社會服務工作。楊在英貴為將軍夫人。林應時在中鋼退休，喜歡喝白酒，無酒不歡。高慶志退休後，在西屯享天倫之樂。張叢林為船員，曾遨遊四海。李德輝為獸醫，造福寵物。我們雖不常常相聚，仍有不少往來，相互關心存問。

住在中壢的何喬珍，任軍訓教官多年，中校退伍，她妹妹何喬珠，嫁給了我老同學王勵志校長的侄子，我與王校長夫婦，交往頻繁，無形中，我們多了一層關係。

我這一生教過小學、中學、大學，桃李可稱盛多，但與我仍常有來往的，只有台中空小同學，我們都非常珍惜這份師生之情，歷久彌堅。

三、陋室之憶

五十多年前我所居住的「陋室」，現在提起來還有些臉紅，因為它是一間舊式廁所改裝而成的；一間廁所再大，也不過十來坪大小，將糞坑便池填平之後，再一分為二，那一間充其量也不過五坪左右，以居室而言，小得似乎不能再小了。在這小小的房間內，靠牆為遷就格局而安裝了一個兩榻榻米大的床鋪之後，只能勉強放一張書桌，其他周旋的空間就沒有了。再就一般廁所的格局而言，靠小便池的一邊，窗子開得低而大，靠糞坑一邊，窗子開的高而小，用意在使上大號的人，有隱密性與安全感。我之居室係在糞坑那邊，光線之不足，是可理解的，連白天也要開燈。同時，一間廁所在經過長期使用後，保養維護的再好，臭味也是難免的。改建之後，雖將糞坑便池用土填平，地面覆以水泥，實質上已無臭味，但在心理的「臭」還一時無法祛除，再加上地面反潮，空氣因室小不易流通，平常霉味甚重。在陰雨連綿的季節，更潮濕的厲害；冬天還好，夏日屋頂經過烈日曝曬，室內悶而且熱，活像一座小蒸籠，處身其中，揮汗如雨，像這樣的居室，如果還稱不上「陋」，那「陋」的解釋未免太狹義了。

筆者身為「陋室」主人，不因陋室而自卑，乃高掛唐朝詩人劉禹錫的「陋室銘」而自慰。到陋室一坐的朋友，看到壁上所掛的「陋室銘」條幅，都不由得露出會心的微笑，咸認我所居之室稱「陋」，實至名歸，配以這幅字，真是相得益彰，恰到好處。

此室雖陋，但來頭頗大，因為它是當年士林國小的單身教師宿舍，位在該校的大禮堂前側，緊臨走廊與教室，是日據時代的建築物。在外觀上看，青瓦高樑，配以紅磚白窗戶，頗具氣勢，改裝之後，如果粗心大意的話，不太會與廁所聯想在一起，倒像一座日式神龕或儲藏室之類。當時校方匠心獨具，將廁所改為宿舍，化腐朽為神奇，真應列入校史，視為韻事一樁呢！

將廁所改裝為單身教師宿舍，以目前生活水平來看，似乎不太尊師重道。但在五十年前，實在是潘銀貴校長的一大德政。只有關心教師生活的潘校長，才肯不顧憂讒畏譏，去為老師解決問題。因為當時士林國小，是陽明山管理局所轄的大學校，規模大，學生多，位置好，新從師範學校畢業出來的學生，能派到該校服務，應該稱得上幸運。但當時小學老師待遇菲薄，再加上士林老鎮還未開發，住成了大問題。老師住不安，就會影響教學情緒，校方又如何要求教學品質呢？潘校長一向倡導教師以校為家，要求專心教書，因此想盡辦法來解決單身男女老師的居住問題，那時教育經費短絀，申請興建教師宿舍，實是癡人說夢，他在無法可想之下，而想出了將廁所改裝的辦法。在當時，單身老師有棲身之所，感激莫名，還能以世俗的眼光，或「人道」一類的名詞，去苛責這位賢者嗎？

潘銀貴校長是本省籍的教育家，身材魁武，面貌嚴肅，是位認真負責、廉潔自持的好校長。他在五十年前當士林國小校長時，已近六十來歲，兩鬢飛霜，雖然國語說得不太好，但聲若洪鐘，條理分明，平素以校為家，深得老師與學生的敬愛。他在年輕時，當過李前總統登輝先生的小學導師，很受李前總統的推崇與尊敬，登輝先生就任總統之後，飲水思源，曾在教師節那天，在總統府以上賓之禮接待潘校長，眾多的新聞媒體，也以他為採訪的對象，談他與這位大人物的師生情誼。在五十年前潘校長主持士林國小時，李前總統登輝先生還沒沒無聞，不然筆者定可獲得不少有關李前總統小學生活的獨家資料。

陋室改裝成功後，首先受惠者是我的同學鄭綠蓉老師，她帶著妹妹詠華，住入陋室左側，另一女老師住入右側。後來女老師結婚他調，剩下綠蓉姐妹，她們孤立無援，不勝困擾。這時我新調該校服務，住無定所，潘校長了解我生活情況後，見我忠厚老誠，與綠蓉又是同學，就叫我住入陋室，當她姐妹的護花使者。這一決定就像廁所改建一樣明智，我與綠蓉均深受其惠，心存感激。

我住入陋室之後，一下子變得熱鬧起來，一些男老師在下課之後，喜歡聚在陋室，談天說地，室小無處可坐，大家脫鞋上榻，擠得像沙丁魚，滿室生春，熱鬧得很，真應了劉禹錫「談笑有鴻儒，往來無白丁」那句話。

綠蓉當時已值花樣年華，人長得也很漂亮，但他對人不苟言笑，冷若冰霜，情緒更像氣象預報「晴時多雲偶陣雨」，變化無常。雖有不少人追求，但能獲的另眼相待者不多，有不少人被他慣投的變化球三振出局，而弄得灰頭土臉。我與他一板之隔，聲息相聞，雖然近水樓台，卻連星光都看不到，不要說得月了。

在陋室最初與綠蓉同住的是她妹妹詠華，當時讀小學六年級，活潑可愛，對我沒大沒小，打打鬧鬧，根本沒把我當作老師，為我教書生活帶來不少樂趣。

詠華小學畢業後，就回澎湖家中就讀初中。這時銘傳在士林創校，老同學魏金榮在該校就讀，沒有找到房子前，搬來與綠蓉同住，金榮人長得很漂亮，落落大方，有不少男士追求，我的陋室有時變為臨時接待站。一些不速之客都希望我這負責護花的陋室主人，為他在金榮面前美言一番。

金榮在陋室住了不久，因其父母移家台北，就搬走了。這時在外雙溪東吳大學就讀的老同學周健中，便搬來與綠蓉同住，同時他的同班同學蘇珠禔也湊上一腳，她那個陋室一時擠了三個女孩子，真是盛況空前。

健中身材高眺，明眸皓齒，性情溫和，沒有一點小姐架子。珠禔嬌小玲瓏，皮膚白淨，端莊大方，個性有些內向，講話輕聲細語。二人都是攻讀政治系，非常優秀，在系中二人都名列前茅，每晚用功夜讀至更深方歇；對我影響頗大，使我產生見賢思齊之心。把升大學列為第一目標。

健中、珠禔專心唸書，心無旁騖，在感情方面幾乎沒有涉及，三個人相處得很好，猶如姊妹，非常難得。因為我們只有一板之隔，她們講話都很小心，不過熟睡後的咬牙聲，午夜夢迴，清晰可聞，成為我們相互取笑的資料。

健中、珠禔大學畢業之後，健中、到衛理女中任教，並擔任教務主任多年。珠禔留校當助教，各有工作與收入，也就搬離了陋室。

不久，家住宜蘭就讀銘傳的魏茄茄，因與綠蓉是同鄉，兩人上一代是通家之好，在健中、珠禔搬走之後，就搬來陋室與綠蓉同住。同學井孝恕考取台大，也與我同居，陋室在健中二人走後，又熱鬧起來，滿屋書香，似乎成了清寒大學生的孕育所。魏茄茄的弟弟魏蕚那時就讀台灣大學，有時來陋室造訪其姊，姐弟情深，令人羨慕，筆者就是透過其姊與魏蕚兄相識的。

後來筆者經過鍥而不捨的努力，終於考上了大學，在民國五十一、二年間離開了陋室。在陋室前後度過了四個寒暑，留下許多溫馨的回憶。

我所以要寫陋室之憶，刊諸報端，主要在寫當時大家生活的艱苦，一般人都刻苦自勵，奮發向上，尤其大學生以苦讀為榮，以能自立為傲，由於大家的努力，才創造了台灣的繁榮與經濟的奇蹟。

四、在竹籬笆中成長的女孩

民國三十五年在端午節的第二天，陳祖娟在山東膠縣一個農村的地主家庭出生。在出生之前，她已有一個哥哥與一個姐姐，同時國內戰亂方殷，農村也動盪不安，因此她的出生，並沒給家庭帶來更大的喜悅。在動盪年代，很多人都有生不逢辰的感嘆，這是做中國人的無奈與悲哀。

祖娟的父親陳東嶽先生，雖長在農家，但幼讀詩書，後讀工科學校，學有專長，在戰亂中，家鄉無法存身，乃赴青島，投身海軍造船廠，貢獻所學，並從基層的尉官做起。

祖娟的母親宋南昭女士，在家鄉與東嶽先生成親之後，就負擔起家事與生兒育女的責任，是一位很傳統的女性，純樸、勤勞、刻苦持家，任勞任怨。

東嶽先生加入海軍，在青島造船廠工作，全家就遷到青島居住，這時祖娟尚未滿周歲。不久國軍戰事逆轉，濟南失守，青島危在旦夕，乃在劉安琪將軍的主持下，來了一個軍民大撤退，不少忠貞愛國的軍民，在大撤退的戰略下，撤退來了台灣，祖娟全家當然也在其中。

青島軍民大撤退，在海上航行兩天在基隆上岸，眷屬們雖然受到暫時的安置，但在兵荒馬亂，財政困窘的情況下，想妥善安置也有心無力，當時大家都抱著逃命的心理，對所謂的生活條件，只有默默忍受，也沒有什麼計較與抱怨的了。

初來基隆，眷屬們暫居學校或各公共建築物，時常搬遷，令人頭痛。這時本來一家五口，已覺食指浩繁，不想祖娟的大弟又來湊熱鬧，在基隆出生更增加了家庭的負擔與壓力，偏偏這位大弟體弱多病，為了挽救這一小生命，每天跑醫院，花盡了從家鄉帶來的金飾財物，使六口之家，生活更為艱苦。

幸好過了不久，在基隆中山區的海軍眷舍興建完工。東嶽先生當時已升任海軍上尉技術軍官，根據一家人口，分配了一座十幾坪大的眷舍，屋舍雖不大，總算有了安身之處差可告慰。這一眷舍離海軍第三造船廠很近，基隆是一海港，也是山城，很多房舍建築依山而建，多在山坡上，中山國小已建在山坡，眷舍更在國小之上方，依坡度建了四排眷舍，白牆灰瓦，據高臨下，算得上幽靜，並且景觀頗佳。

祖娟家一家六口擠在十幾坪的房子中，實在有些擁擠與不便，語云「窮則變，變則通」，祖娟的父親在多方考慮下於房屋客廳部份，建一夾層，闢成閣樓，供兒女進住。同時人與山坡爭地，將房前山坡地加以開墾，加蓋一簡陋廚房，自此有了廚房餐廳，也有了書房；一房三用，克難已極，不管如何，總算有了一個安身立命的家。

這座海軍眷舍，像在台灣各地的眷舍一樣，舍舍相通，房屋相連，不但雞犬相聞，連炒菜的香味可傳之四鄰，罵孩聲音左鄰右舍可清楚聽到，眷舍文化也在這裡形成。

基隆是有名的雨港，在雨季每天陰雨連綿，有三個月見不到太陽，到處濕漉漉的，位在山坡上的眷舍更是潮濕。再加上風大，每到冬天，風大雨驟，比平地寒冷的多，生活在這種環境中，實在很辛苦，但住久了，也就習慣了，天候對生活在這裡的人，是最大的磨練。

祖娟的一家在這種境遇下，最大壓力還不在天候及居住環境，主要還是來自經濟上的困窘，一個海軍上尉的薪水，負擔一家七口的生計，那真是捉襟見肘，因此日日難過，月月難過，幸虧山下的雜貨店，給予最大的方便，同意賒帳，月初發薪時一次償還，同時東嶽先生以爭取加班，來挹注收入的不足，像這樣的情況，在當時的台灣，軍眷或公教眷屬，大多如出一轍，非「困苦」二字所能形容。

祖娟的兄姐在這種情況下，體諒父母的辛苦，均力爭上游，尤其大哥祖華，認真唸書，初高中均讀基隆市中，市中是一完全中學，辦的不比省中差，學風很好，在基隆享有口碑。祖華高中畢業考上政大新聞系，大學畢業後又考上新聞研究所，獲得碩士學位。這在當時是一很不易的成就。後進入聯合報服務，先任駐台中市特派記者，繼任駐中興新村的省政特派員，又因表現良好，調總社服務，主跑政治要聞，不久升任採訪主任、副總編輯等職，最後在歐洲日報副社長職務上退休，軍眷子弟，有此成就，值得讚揚。

祖娟大姐祖美初高中就讀基隆省立女中，大學考入海洋大學，在眷村中，亦為人所稱讚，由此可見，讀書是事在人為，困苦的生活，更能激發人的向上心。

祖娟天資甚佳，反應尤快，活潑好動，讀書靠的是天份，不是勤奮用功型的人，小學功課很好，我的馬公中學老同學楊鳳文曾任過她五六年級的導師，據他說：「祖娟在班上是品學兼優的好學生，對她的印象特別深刻。」但有些人「小時了了，大未必佳」。祖娟可能如此，初中在基隆市二中畢業，升高中時考不上省女中或市中，最後只能考入基隆高級商業職業學校就讀，高商畢業升大學很困難，只有就業一途，經大哥的介紹下進入台灣省基隆就業輔導中心工作，表現優異，我們就是在該中心相識相戀而結婚的。

祖娟生在軍人之家，雖然早年生活條件不佳，但是一家團聚，親情溫馨，苦中有樂。不像我少小離家，在戰亂中流亡地角天涯、骨肉分離、海峽相隔。她與我比起來，是幸運多了。可惜的是在與祖娟結縭結後，充分享受家庭的溫暖時，祖娟竟得此失智病症，老天對我何其不仁。奈何！奈何！

五、婚後生活磨難多

民國五十五年我在中華日報擔任基隆駐在記者，主跑府會新聞時，有時會到基隆就業輔導中心採訪，認識了後來成為我妻子的陳祖娟小姐。

當時陳小姐身材高挑，長得秀外慧中，人很活潑，很能吸引我，我們常常聊聊天，知道她是山東膠縣人，父親是海軍退役軍官，哥哥政大新聞研究所畢業，在聯合報任駐台中市記者，姐姐任教幼稚園，弟弟還在念書，她知道我也是山東同鄉又是個單身漢，對我就很親切。

我試著約她喝喝咖啡，聊聊天，她也接受，慢慢地進步到吃吃飯，看看電影，當然以後就漸漸地進入情網了。

祖娟是軍人子弟，人很樸實，不愛慕虛榮，穿衣不求名牌，不追求時髦，衣樸而不自卑，人窮而志不短。吃飯不進大飯店，路邊攤的一碗牛肉麵就可以解決，說話快人快語，一點不虛偽，不扭捏作態，做事乾淨俐落，不拖泥帶水，這幾點我都很欣賞。

我與祖娟的感情進展的很快，既是同鄉，與其大哥陳祖華又是同業，她家人沒有反對的意見，結婚是遲早的事。

戀愛成熟了，我們進入了禮堂，證婚的是基隆市長蘇德良，結婚時我三十三歲，祖娟二十三歲，十歲之差，算不上是老夫少妻，觀念相近，習性相合，也可說是美滿姻緣了。

婚後，生活的甜蜜自不在話下，但在結婚後的三、四年中，卻發生了祖娟長瘤開刀，收養葳葳，意外懷孕等大事，最大的改變還是我要去法國留學，夫妻要分離。這幾件事分別加以述說如下：

台灣氣候特殊，結婚與做爸爸，往往都是一年之隔。在我未結婚之前打光棍的時期，看到結婚的朋友們，把小蘿蔔頭一個個的接到人間，有的是應邀而來，大受歡迎，但也有不速之客，使家庭超出預算，不勝負擔。我這時就想，希望自己的太太，能控制生產，不要成為「多產作家」才好。

在我結婚之初，還恐怕妻太早有喜，影響新婚後的甜蜜生活。一年過後，才發現這種顧慮是多餘的，我有些奇怪，問妻為何不見消息？妻說：「急什麼！當了丈夫，還怕當不了爸爸！」看樣子妻像胸有成竹，我也未便再問下去，心想這種事，女人比男人要精明多了。

過了一年多，雖然性生活正常，有時還要加倍努力，但妻仍苗條依舊，平靜如昔，沒有一點消息，比我們結婚晚的都在請吃滿月酒了，岳父母及親友，也有意無意的提起，妻也有些慌了，她迷惘的說：「我看有些不對勁，我們努力作人，怎麼沒有消息呢？要不要請醫生檢查一下！」這些話是我憋在心頭，早想說的，但說不出口，現在既然主動提出，我就調侃的說：

「檢查的事，不但我舉雙手雙腳贊成，連我們的兒子女兒都希望這樣做！」妻受到我的鼓勵，就安排時間，到婦產科去檢查。

經過醫生檢查之後，醫生也說不出所以然來，僅說妻子子宮發育不好，注射點藥物刺激一下，也許有效。但打針吃藥之後，效果似不太顯著。妻又請中醫去看，中醫說可能是子宮受寒，要吃藥補補。這樣西醫中醫，治了半年多，打了不少針，吃了不少藥，仍不見效果。

妻一向樂觀，但久久未曾有喜訊，心中也很苦悶。更由於打針吃藥太多，而感到厭煩，不由的把腦筋轉到我頭上來。她向我抗議說：「太太不生孩子，並不見得就是太太出了毛病，先生也有出毛病的可能啊！你也應該檢查一下！」我聽了理直氣壯的說：「我一向潔身自好，從未涉身花叢，我要檢查什麼？」妻說：「你既然潔身自好，就不怕檢查，同時所謂毛病，並不一定來自這方面，有無其他因素也未可知！」妻停了一下又接著說：「你說你潔身自好有什麼證明，有沒有保單？你們做記者的，在外浪蕩慣了，還會做什麼好事！」妻上段說話的還有道理，下段話則有些強詞奪理，含血噴人。夫妻之間也不能太計較小節，於是我也就到醫院檢查了一番，醫生說一切都很正常，沒有什麼毛病。我大大的鬆了一口氣，把檢查結果告訴了妻，她啞口無言，顯然居了下風。

結婚兩年多了，還沒有一點消息，使我們這個小家庭充滿了愁雲，朋友們也很關懷，大家相聚一道時，都問長問短，有的推薦醫生，有的推薦偏方，更有的授以機宜，但都沒有效果。

妻由於結婚兩年多還沒有消息，好像有虧職守似的，時常對我表示歉意。我說：「你放心吧！我不會討小老婆的！」一天好友小張來家，發現妻仍是那樣苗條，而我的肚子卻有「呼之欲出」的感覺。他開玩笑說：「老李！你發福了！肚子挺出來了！說起來你們夫婦真是一對寶，該大的不大，不該大的大了，換換多好！」妻聽了，大罵小張缺德，把他列入不受歡迎的黑名單中。

五十七年七月，妻在月事期間，有持續甚久的疼痛，這是以前所沒有的。她認為定有問題，於是我就帶她到基隆謝婦產科去診斷。謝顯女醫師是故基隆市長謝貫一的妹妹，在基市很有名氣。謝醫師檢查後，發現在子宮與輸卵管間，長了一個像雞蛋那樣大的瘤，她診所的設備不夠，叫妻到大醫院去診治。

第二天我帶妻到基隆市立醫院醫治。我與鄭院長相識，他熱心的帶妻到婦產科找劉主任檢查。劉主任對人和氣，醫術很好，他說：「這個瘤已不小了，但由於長在子宮與輸卵管之間，最好用藥力消除，不要動手術，在不得已時再動手術。」他叫妻住院治療，於是我替妻辦了入院手續，住進了病房。

這個瘤非常頑強，雖然用藥力去打擊它，但未見顯著的效果，日常妻一如常人，沒有什麼痛，但到月事期間，則疼痛難熬，而且痛期延續到十幾天。劉主任熱情可感，每天診治，但對瘤的頑抗，除了加重藥力之外，一時想不出更好的辦法。

內兄陳祖華與我是同業，在台北聯合報服務，他來院探望後，勸妻到台大醫院，找婦產科權威魏炳炎副院長看看，同時他的好友朱宗軻兄專跑醫藥新聞，和魏副院長熟悉，可請他關照一下。在內兄的安排下，妻在台大醫院接受了魏大醫師的檢查。檢查後他告訴我說：「瘤有兩種，一為良性，一為惡性，尊夫人生的是良性的，吃藥消除最好，不消除也沒有什麼關係。」我說：「要不要開刀！」魏副院長聽了馬上氣呼呼的說：「開刀！開刀！開刀！開什麼刀！動不動就開刀，那還了得！」我不敢再搭腔。妻則接著問：「我月事期間很痛怎麼辦呢？」他笑著說：「誰叫妳是女人呢！有的女人月事期中比妳痛多了，在床上打滾的有的是。」魏副院長一副學者風度，令人敬愛，經他這麼一說，妻安心了許多，我們又回到了基隆市立醫院。

月事間的痛苦，妻實在熬不住，聽人說徐千田大醫師對婦科很權威，於是我帶妻到台北中山北路徐大醫師診所去看。由於徐千田三個字太響亮，每天下午掛號求醫的有一百人之多。我幫妻掛了號之後，我坐在椅子上等，我感覺這樣等法不得了，乃附上了名片，說明了原委，請提前診斷。徐大醫師慨然應允。在檢查過後對我說：「尊夫人所生之瘤已經很大，要開刀割除，不過要照照片子，是否可以不傷到輸卵管。」於是妻便照了兩張X光，並約定三天後看片子的結果。三天過了，我陪妻複診，看片子的結果，徐大醫師說：「輸卵管還通，若動手術大概可以不傷輸卵管。如妳願意開刀，明天就可以住進本院。」

我回去與朋友們商量了很久，並研究魏、徐兩大醫師為何意見不一，一位朋友說：「徐大醫師是留美派，魏大醫師是留日派，留美派喜歡開刀，留日派喜歡用藥。」朋友的看法是否如此，則不得而知，由於醫師見解不一，又聽說徐醫師開刀的手術費很貴，使我與妻猶豫不決，因而失去了這個機會。

國小在九月初開學，妻為了準備教書，就出院在家休養。回家不久月事又來了，疼痛較前尤甚，實在忍不住了，跑到醫院打止痛針。這樣實在不是辦法。妻乃對我說：「我看還是開刀吧！這樣我實在受不了，開刀把病治好，我以後不能生孩子，我也認了！」我能說什麼呢？我說：「我的看法和妳完全一樣！」我們正說著，妻的同事江女士來了。她去年因子宮瘤，在臺灣療養院開刀，整個子宮都拿掉了，她看妻這樣痛苦，就勸妻到臺灣療養院去診治。她說該院院長是美國人，手術很好，同時他內科、外科、婦科都行，是個全能醫師。經她這樣一說，我就陪妻去療養院，並掛了院長的特別號。這個洋院長很和氣，檢查後說要開刀，如願意開刀的話，後天早上可住進醫院，大後天早上由其動手術。說真的，妻有些崇洋，對這個洋醫師充滿了信心，乃決定接受開刀，問我的意見如何？我只有欣然同意。

我們回到家，把家裡整理了一下之後，在銀行提了五千元，準備做保證金，第二天就住進了療養院。

住進醫院後，妻心中倒很輕鬆，與同病房的病人有說有笑的。到開刀的前一晚，心情則有些緊張，她悄悄的對我說：「開刀會不會出問題，我心中有些害怕呢！」我說：「割瘤是個小手術，絕無問題，我看洋院長是手術權威，萬無一失，妳不要想的太多。」其實我心中也有些不安，我胡思亂想，想會不會手術失誤，想會不會麻醉藥用的過量，想會不會……。總之開刀不是好玩的，我想得很多，但在妻面前我卻表現得很鎮靜。

開刀那天，當護士把妻推到手術房時，我心中有種生死別離的感覺，我忍不住的偷流了幾滴眼淚。妻進了手術室，我在走廊上徘徊，坐立不安，我想到血，想到刀，想到手術臺上的大鏡子，想到妻失去知覺，在接受刀剪之苦，我的嘴唇乾得很，頭昏沉沉的，時間過得好像很慢，很慢。

手術完了，妻被推了出來，還在麻醉中，很安詳的在睡覺，我跟著車子進了病房，把妻移到病床上。這時一個穿白衣的醫生來了，他見了我說：「你是她的先生嗎？」我點了點頭。他說：「手術很順利，瘤已割除了，為了怕以後再有開刀的麻煩，把盲腸也割了，尊夫人的盲腸長的部位很怪，院長找了半天才找到。」我說：「她什麼時候才能醒過來？」他說：「很快就醒過來，先生！你們有孩子了嗎？」我說：「還沒有！」他說：「尊夫人左邊的輸卵管已割除了。」我聽了心中一怔，急忙問：「為什麼要割除輸卵管呢？」他回答說：「不割不行！這個輸卵管發炎發得很厲害，顏色變的與巧克力糖一樣，已經失去了作用。」這時我內心很複雜，又問他道：「輸卵管割去一邊還能生育嗎？」

他解釋說：「輸卵管有兩條，這月這條排卵，下月則那條排卵，剩一條仍然可以生育，不過機會少了一些。」「內人那一條很健全嗎？」「這個我不敢講，我看另一條顏色也不大對，不過將來可以檢查一下通不通。」我聽了這些話，心全涼了，輸卵管只剩一條，還不健全，生育的機會太渺小了，假若我們這一生沒有孩子，我該怎麼辦呢？我又陷在另一痛苦中。

妻醒了，叫著刀口痛，我一旁照顧，朋友們來探病，經我一說也連聲嘆息，極表同情。但這事我瞞著妻，因為這對她也可能是一種打擊，在病中的人養病最要緊。

在療養院住了一個半星期，拆了線之後，我就為妻辦出院手續，總共花了八千多元，使我一直耿耿於懷的，倒不是醫療費用貴，而是那條輸卵管，因為金錢事小，絕了後代問題才大，我們祈禱上蒼，希望那一管是通的。

妻出了院，我把她送到娘家休養，因為我沒能力也沒時間去照顧她，動一次手術，元氣大傷，正需要食補。妻在娘家由岳母照顧，我放心多了。有時間我就去岳家看望她，在患難的時候才可看出夫妻的真情。

一天早上六點多，我還未起床，聽見岳父叫門聲。我心想不妙，他老人家這麼早上門一定有事，我開了門，岳父滿臉愁容的說：「祖娟昨天晚上不停的吐，請醫生打針吃藥也沒什麼用！現在喝點水也吐，你趕快把她送到醫院看看。」我聽了這話，臉也來不及洗，出門叫了部計程車，就趕到岳父家。這時妻躺在床上有氣無力，床下放了一個臉盆，全是妻的嘔吐物，再看妻的臉色蒼白，眼睛深凹，我心中一陣難過。

在這種情況下，我沒辦法考慮什麼，和岳父把妻架上計程車，直開臺北療養院。

妻出院才兩個星期，想不到又進了該院的急診室。在急診室辦妥掛號手續後，醫生來診斷，問明了症狀，斷定是腸阻塞，醫生解釋說：「腸阻塞是手術後的後遺症，並不是手術不好，而是病人腸子機能問題。現在兩個腸子已糾纏在一起，腸子不通，所以才嘔吐，假若能自動解開最好，不能自動解開，還要動一次手術。現在你可給她辦住院手續。」不久洋院長也來了，也斷定是腸阻塞，搖頭做同情狀。這時我想到該院昂貴的藥費，想到內人的輸卵管，想到現在的腸阻塞，我實在不想住這個醫院，我和妻商量，她也有同感，我們就叫了一部計程車回到基隆。

由於我在新聞界服務，和基隆海軍基地醫院周院長較熟，我把妻送入該院民診部醫療。辦完了住院手續，醫師診斷之後也認為是腸阻塞，要照X光看看糾纏的情形怎樣，有無自動解開的可能。我對醫生說：「內人剛開刀不久，不宜再開一次刀，希望盡量用藥物治療。」醫生也點頭稱是。

妻在住院中，不能吃一點東西，連水也不能喝，吃了喝了馬上就吐。僅靠打葡萄糖來維持體力，妻很瘦，血管也很細，護士來打葡萄糖時，找血管要找半天，這裡不行，再把針頭拔出來，再試那一邊，看得我心中無限痛惜。針頭弄好了，葡萄糖一滴滴的往下滴，畫面是那麼悽慘。

住了一天多醫院，病情一無起色，心中焦急得很。在第二天晚上，我正在新聞中心埋頭發稿時，醫院來了電話，說妻又吐得很厲害，叫我趕快去。我急忙趕到醫院，妻正在呻吟，我請值夜醫生來診療，他認為腸內積氣太多，能把氣抽出來會好些，他拿來一個小皮管子要妻吞下去，以便抽氣，當她把皮管往下吞，像犯人吞金一樣，這種苦真不知她怎麼受得了。皮管吞下去，放出來了許多氣，妻筋疲力竭，也許已沒有什麼可吐了，才閉上眼睛睡了一會。

第二天是舊曆八月十五中秋節，我永遠不會忘記這一天，因為這天上午妻動第二次手術，下午大颱風來襲，醫院陷在黑暗裡，風聲、雨聲、妻的呻吟聲，我一夜未曾合眼。

事情是這樣的：八月十五的早上，外科總醫師張朝興兄看了病情報告，來看妻的情況，他認為非開刀不可，叫我趕快去基隆血庫買血，他馬上通知手術房準備動手術。

我把妻安慰了一番，她倒很鎮靜：「病已如此，開刀就開吧！你什麼都不要想了，聽天由命吧！」我含著眼淚到基隆省立醫院買血。坐在計程車上，看到許多人在為過節而忙，我心如刀割，我抱怨上蒼，為何把這麼多的苦難，加諸在妻的身上。

我買了血回來時，妻已進入手術房，正在動手術，我把血交給護士後，在手術室外徘徊，傻楞楞的，不知想什麼好。不久護士叫我進去，我想這下可能凶多吉少了，手心冒冷汗，兩腿發軟，我勉強進了手術室。這時一位護士給我穿上一件白衣，給我戴了頂白帽，叫我看醫生動手術的情形。我看見妻躺在手術臺上，肚子開了一個大口子，腸子都搬了出來，一眼看去像一盆充了氣的管狀氣球，張醫師說：「李兄！尊夫人的腸子糾纏得很厲害，糾纏處已發紫了，如再延遲開刀，腸子潰爛就要剪去，手術更麻煩了。」我低聲的問：「現在有什麼危險嗎？」他笑著說：「沒有！沒有！我們馬上做縫合的手術！」我不敢也不忍再看了，急忙退出了手術室。

妻被推到病室，岳母等家人聞訊趕來，大家相對流淚。中秋節也沒心過了。晚上颱風來襲，窗戶浸水濺入病房，我點著蠟燭，望著多災多難的妻，悲感交集，徹夜未眠。

由於手術前妻太痛苦了，手術後反而覺得輕快些，一切情況都很良好，有這種結果，我感到很滿意。

在妻出院前一天，張總醫師和我聊天，他說：「李兄！你們有小孩了嗎？」我搖搖頭。他又說：「現在時代不同了，有了孩子是種責任，沒有倒好，什麼事都不要過份去強求。」我看他話中有話，忙問他是否妻開刀後不可生育。他說：「腸阻塞再發率很高，女人沒懷孕還好，懷了孕之後，胎兒擠腸子，可能再造成腸阻塞，那時開刀大人受罪，胎兒不保，我看你還是注意些好。」我聽了這番話，片刻無語，張醫師拍了拍我的肩膀說：「這只是一種可能，且常有這種病例，我們做事要向壞處打算。」我記下了這番話，心裡倒不覺得難過，因為療養院一刀，已切去我抱兒子的希望，張醫師的話，僅把我這種「無望」更強調了一下，更加些顏色而已。

五十九年春天我準備出國到巴黎深造，出國手續已辦好了。我想到妻今後的日子，將是寂寞、暗淡，我心中著實有些不忍。假若能收養一個女兒，也可使妻多一些生活情趣，當我把這種想法提出時，妻有些不肯。她說：「收養了孩子之後，如果我再生幾個孩子，那多麻煩！」我心想妳這一生別想有孩子了，妳輸卵管只剩一條，這一條已不正常，就是正常，妳懷孕的機會也不多，就是懷了孕，妳有腸阻塞，也保不住啊！但我不能把詳情相告，這樣對妻打擊太大了，知道了她生命將會失去光與熱。我只是堅持己見，妻見我對收養孩子很有興趣，最後也答應了。

我的朋友張大哥，我們是聯中的同學，他比我大幾歲，對我非常愛護，在馬公中學我們又二度同學，親如兄弟。他來台北改行經營皮鞋生意，生意起伏不定，他常向在博愛路擺地攤的阿英調頭寸，調久了產生感情，他們就結為夫婦，結婚後阿英大嫂很會生，一連生了四女一男，小孩站在一起像滑梯一樣由高而低，當最小的剛滿周歲時，這位多產的嫂夫人又大腹便便了。

張大哥為子女多所苦，每次去看他，小的哭，大的叫，還要做生意，疲累不堪，他知道我與祖娟結婚兩三年還沒孩子，而祖娟剛開過刀，又很希望有個小孩，他除了認為送生娘娘太糊塗，不想要的一個接一個送，想要的一個都沒有外，也想送一個給我們養，有一天我與祖娟去他家，他忽然對我們夫妻說：「你嫂子這次生個女的就送給你，生個男的，就把一歲的葳葳給你們收養，給你們做女兒。」

祖娟聽了非常高興，連忙說：「張大哥！說話要算話噢！我先謝謝你啦！」

我聽了也很高興的連忙說：「張大哥說話一向是一諾千金，一言九鼎的！」我是想套住他。

這次阿英嫂一舉生男，高興的不得了。當我們夫妻前去祝賀時，張大哥實踐了他的諾言，叫我們把葳葳抱回去，我看阿英嫂面色很難看，但也不好說什麼。

葳葳已一歲多了，皮膚潔白，聰明可愛，我們高興的抱回家，妻為她買了一張小床，許多玩具，並添購了許多衣服，把她打扮的美美的，吃的東西更不必說了。

為了葳葳的來家，祖娟請了幾天假，在家安排一切，上班時請鄰居太太照顧，按月付她照顧費用，葳葳來家兩個多月，成了她的命脈，催著我辦收養手續。

我正要去台北見張大哥時，他竟然來了，他來了就開門見山的說：「本來要把葳葳給你們收養的，但她外婆不肯，來鬧了好幾次，我們沒辦法，我想把她抱回去，我們像親兄弟一樣，你們不會見怪吧！」

祖娟聽了這番話，如晴天霹靂，眼淚如湧大聲說：「張大哥！你怎麼可不講信用呢！太傷感情了！」

「弟妹！真對不起：請原諒我們！我們不得已啊！」張大哥自知理屈，乃向祖娟道歉。

我也想到自己的骨肉豈可輕易送人，乃無奈的叫張大哥把葳葳抱了回去。

葳葳走了，祖娟像失去了最心愛的東西，看到小床就流淚，精神不振，好像生了一場大病。

有時睡了半夜，她忽然起來，說是要為葳葳把尿，回神過來，無限傷感，想不到她對孩子是這麼的喜歡，對葳葳兩個多月的感情又是那麼深。

有人說收養個孩子，真的會帶來自己生的孩子，這雖然沒有什麼科學根據，但我真的希望這傳說成真。但一想張醫師的話，我則有些心冷了，我想到祖娟開刀的恐怖情況，想到祖娟床上的呻吟，想到她對葳葳的喜愛，想到臉上曾閃著做母親的光輝，我陷在矛盾之中，而且心裡從來沒有像現在這樣矛盾過。

過了兩個多月，一天晚上，我由外面回來，妻滿臉興奮之色，我有些不解，她悄悄的對我說：「我的經期一向很準，現在過了兩天還沒來，可能有了！」我對這消息已不感興趣，因為在以前她也有很多次這麼說，最後的答案，是她羞愧的說：「又來了。」我笑著說：「但願如此！」這樣過了四五天，仍然未見紅訊來，妻更加興奮，所有要好的女朋友都知道了，她們都為她高興。我獨不表關心。後來妻由同事陪同到婦產科檢查，醫師測驗之後，笑著說：「恭喜妳！妳有喜了！」這時妻的高興，我想超過了中特獎，或發一筆外財。她回到家裡興奮的告訴我這一消息，我當時也一陣興奮，後來想到張醫師的話，我些有黯然。

在這種情況下，我不能不把實話告訴妻。我當時說：「假若妳想拿掉的話，我很贊成，因為這對妳我都有好處，假若不然，將來再開一次刀，妳受得了，我受不了！」妻表情堅決的說：「不管如何！我要懷下去，醫師的話並不是絕對的，你想我懷孕多不容易，我為了他，再大的犧牲都可以，因為這是命，你不要再囉嗦！」妻這種勇氣也使我感動，我不應該向最壞的地方打算，也可能有最好的，「萬一」並不是完全偏向壞的一方啊！

妻懷孕五個多月，肚子已經挺得很大，並沒有發現什麼不對，這對妻增加了無比的信心。她說，她有絕對的把握把這個孩子順利的生下來，由妻的信心，也增強了我的信心。

在妻懷孕進入六個月時，我出國的期限不能再延，我含著眼淚上了飛機，我所憂慮的不是夫妻分離，不是我身處異國的生活如何？我憂慮的是妻腹中的那塊肉。妻日常在胎動時，常把我的手拉過去撫摸一下，她總是說這種跳動太厲害，認定是個兒子，妻越興奮，我心理的負擔越重，因為我真怕偏向壞的「萬一」發生。

來到法國之後，心老惦念著家，妻的信晚來兩天，夜裡都睡不著覺，腦海裡老想著那可怕的事情發生。我後悔出國，去追求虛無的名利，如果我失去妻及夢中的孩子，我在國外的生活還有什麼意義呢？

當年十二月六日，接到大姨祖美一封信，信上只有短短幾句話：「本月三日祖娟在海軍醫院生了一男，母子均安，太好了！太好了！我們都高興死了！」我看了這封信，興奮的流下眼淚，夜晚我請好友宵夜，使他們分享一下的快樂。我們漫步街頭，巴黎的街景使我第一次感到美好、親切，街邊雖然積滿了雪，我一點都沒感覺到冷。

妻在這種情況下，生了這麼可愛的兒子，無怪乎妻感到滿足，我曾去信告訴妻說：「今後我們如遇任何困難都不要抱怨上蒼，同時，對任何事不要事先向壞處想，『萬一』也常偏向好的，意料中的事也會有意外發生。」

六、站在外交的第一線

民國五十九年八月，我離開了居住二十多年的台灣，到法國去留學，那年我三十五歲。

在赴法國之前，我在新聞界擔任駐外記者，雖然成了家，生計沒有問題，但仍想到國外闖一闖，當時到國外留學，是一般青年人所追求嚮往的。

巴黎是世界花都，到巴黎去留學，一直是我的夢想，妻對我的雄心壯志，非常贊成，鼓勵有加，因此，促成了我的巴黎之行。

我在內人懷孕期間出國，連生產也沒法陪伴在身邊，這是我對妻深感歉疚而不安的，實在有失為夫之道。

我匆忙赴法的主要原因，是簽證已到期，那時我與法國沒有邦交，赴法簽證均有傅承烈神父辦理，他很忙不願麻煩他，另外老同學劉端，蔡沛文均希望我早點去，不要再拖下去。她們並介紹張志鵬先生與我結伴而行，不然就要落單。我們為了省錢坐的是包機，不但在香港搭乘，還要在倫敦轉機，從未出過國的我，有人結伴是求之不得的，一切都要遷就，這也是無可奈何的事。

那時台灣經濟尚未起飛，做記者兼老師，收入仍極有限，留下安家的錢，買了機票，身上能帶的錢實在很有限，好在知道在巴黎有打工的機會，不會流落街頭，求助無門。

到了巴黎暫住在蔡大姊家，除了到語文學校進修法文之外，就是如何找一份工作，因為口袋的錢一天一天的減少，家中根本不可能有接濟。

巴黎實在很美，古老的建築，藝術氣息很濃厚，我深深的為這美麗的藝術之都著迷，可惜巴黎的美不能當飯吃。

當時在巴黎的留學生打工的機會有三種：第一種是在家具工廠工作，因為很多華僑在法生產仿古的中式桌椅，古色古香，很受法國人的歡迎，生意不惡。但這種桌椅在完成木工後，要先用砂紙磨平，打上石膏，再二度磨平，最後加以繪畫油漆，方為上市成品。留學生打這種工，僅限於「磨平」，不但需要技巧，因木塵四起也很不衛生，工作時需要帶著口罩。

第二種是做小皮包，一般華僑皮包商通常到大皮件工廠以低價收購廢皮革，然後回來加工，做成存放零錢硬幣的小皮包，再批發出去，在法國很有市場，經營者不少，留學生打此工，僅限於割皮畫樣，整日與刀子為伍，也需要一些技巧。

第三種是在中國餐廳做跑堂或者是洗碗，靠的是勞力，技術性不大，工資也不低，就是老闆比較難伺候。

我選擇了第三種，碰到的老闆是李師傅，外號李胖子，李師傅曾為陳雄飛大使做過廚師，手藝無話說，心地也很不錯，最大的缺點，是嘴德很差，看很多人都不順眼，有空就點名，損上一下，以此自娛。此外工作要求多，很看不起讀書人，跟她打工的留學生，要誠心誠意的跟他學手藝，他會給你好臉看，如果說是打工存點錢去念書，他會每天奚落你，對他又無可奈何。

我的工作是洗碗，洗碗在餐館職位之低，猶如入伍訓練的二等兵，甚麼人的話都要聽。同時「洗碗」只是一個代名詞，並非專司洗碗一事，還要做一些搬菜、洗菜、剝洋蔥、切香菇等雜務事，同時工作是一連串，很難有喘氣的機會。這種工作實在很辛苦，我做了沒好久就辭工了，惹得李師傅一肚子不高興。認為姓李的這個小子，這樣不識抬舉，不餓死在巴黎才怪。

在我處於困頓之時，有準備回國的打算，幸好楚崧秋先生為我帶來及時雨，他介紹我為陶宗玉先生工作，我一直追隨他達四年之久。

楚崧秋先生當時之所以為我介紹工作，是我在赴法之前，在中華日報擔任駐基隆的府會記者，他是那時的社長。

在報社幹駐外記者，除了報社舉行通訊業務會報時，才能聽聽社長的精神講話外，很難與社長見面或面對面的談上幾分鐘的話。但，楚崧秋先生的作風與眾不同，他很留心基層，聽說我要出國深造，特別抽出時間約見我，除了熱烈的與我握手，垂詢出國深造計畫，勉勵有加之外，還允聘我擔任中華日報駐法特約記者，對一個剛出道不久的小記者而言，實在是一莫大的鼓勵，令我興奮了許多天。

我到了巴黎不久，為了不負楚先生的期望，寫「中國菜征服了巴黎」、「巴黎看法匪關係」、「法國外交新動向的透視」等幾篇的報導，均蒙刊登出來，並付了很高的稿費。這對一個生活困頓，精神苦悶的留學生而言，可以說是雪中送炭，這「炭」不僅是物質上的，也是精神上的，使我對新聞工作增加了不少的興趣與信心，更導引我立志向新聞事業的領域邁進。

也許幾篇不成熟的報導，使楚先生對我增加幾分瞭解，因此才把我推介給陶先生。陶先生是我行政院新聞局的駐外人員，人非常精明能幹，長的又飄逸瀟灑，夠得上「美男子」的標準。那時中法邦交早斷，賴以維繫的據點，是在巴黎的聯合國教科文組織代表處，但這一組織的會籍不久也被排除，於是法華之間的貿易觀光關係一時出現真空，陶先生是這方面的長才，在巴黎工作過，人際關係有基礎，就派來這裡為中法經貿觀光之促進，披荊斬棘。

陶先生一來巴黎就找到我，要我和他一起工作，於是我獲得了一個不需出賣原始勞力的工作。

最先，我在陶先生府上辦公，他的夫人孫大姐是山東同鄉，人很和藹可親，四個子女都很優秀，已分別在巴黎大中小學讀書。

我負責文書工作，最初不太行，經過磨練與揣摩，不久就勝任愉快了。

陶先生法語說得非常流利，長的又是一表人才，這些已使他無往不利，更何況他反應極端敏捷，有無畏的衝勁與強烈的責任心。他既能結交法國政商界人士，使層次慢慢提高，又對事情鍥而不捨的去做，因此很有成就。我國目前與法國觀光經貿關係大有進展，說句良心話，是陶先生打下了基礎，在由後繼的人員多方努力，而締造出來的。對陶先生來說，站在國家立場，他是衷心令人敬佩的，我想認識陶先生的人，不論是朋友或是有芥蒂的人，都會這麼認為。

當然，陶先生有他的缺點，最大的缺點是脾氣太大，不能控制自己，在他手下做事，一點馬虎不得，一點事情做不好就暴跳如雷，高聲斥責，不留情面。涵養不好，自尊心太強，實在無法與他相處。我因係楚先生介紹，算是有後台，對我有幾分客氣。與他相處日久，相知也深，已能揣測到他的心意，我做得與他想的往往契合，因此遭斥的情事不多。

由於陶先生工作很有績效，而巴黎又是歐洲重鎮，政府推動外交的重點城市，因此陶先生可以在此大顯身手，如魚得水。

陶先生連絡了法國政界有力人士，成立法華貿易觀光促進會的組織，在法國完成註冊登記，可以公開活動，推動法我貿易觀光工作。國內新聞局也大力支持陶先生，提升為新聞局駐法新聞處主任，可以在巴黎繁華地區設立辦公處所，並招兵買馬擴大編制。

陶先生在凱旋門附近的大廈，租了一座很有氣派的辦公室，公開掛牌，辦公室一時招進五六位工作人員，女的有許瑛，是卜幼天先生的下堂妻，能說善道，我們叫她卜媽媽，另外先後有劉以慧、盧永翠、薩支遠、曾明、黃一鳴等來辦公室工作，我是最資深的一位。

法華貿易觀光促進，可以對外辦理赴台之簽證，可以招商參加巴黎的各型商展，具有領事事務處的功能。對國內由新聞局國際處來主管，定期呈報有關法國政情、國際會議、中共對歐活動及大陸政治動態等。舉凡中共使館活動，國內京戲或雜技團來法演出等，都在呈報之列，我當然的對觀看大陸戲藝團等表演等很感興趣，因為這是工作的一部分，感到稱心愉快。

當時中共駐法大使是黃鎮，他文化素養不錯，曾到法國餐館吃飯，對法國大廚師，來了一個漫畫速寫，很有水準，為記者報導，刊在報紙上，是很好的花邊新聞。

那時中共對外局面無法打開，對外宣傳一向由周恩來主導，為打破國際上對大陸落後的報導，特別邀請荷蘭籍的製片家，國際知名人士伊文斯，製作一系列紀錄片，在國際間放映，並起了一個「愚公移山」的怪名字，意思是說中共用愚公移山的精神，來建設一個新的中國。

這一系列紀錄片，共有十二個單元，一是一個家庭，這家庭當然是個樣板；二是中國手工藝；則頗有獨到之處；三是報導上海市的城市生活；四是發生在北京一所中學；師生之間處理足球糾紛的故事；五是報導中共的軍營生活；六是紀錄北京劇院活動；七是報導一位老教授的生活；八是報導山東大漁島漁村狀況；九是大慶油田巡禮；十是雜技團的精彩表演；十一是上海第三電工廠的全貌；十二是報導上海大藥房的經營。

我走新聞科班出身，又做過幾年記者，以專業素養，處理向上呈報的業務，可以說得心應手，陶先生信任，台北局方長官也滿意稱讚。

當時在巴黎除了我們這個單位之外，還有國民黨海工會特派黨官滕永康，教育部國際文教處派駐文化參事趙克明，和陶先生一起來算，當時稱為「巴黎三巨頭」。

滕永康當時職位是國民黨駐法支部書記長，他父親是老立法委員滕昆田，郭驥郭外川先生是他的父執，也是他的後台。當時郭先生在政壇是很有權力的。滕永康先生淡江大學畢業，很有政治手腕，除了黨職之外，與軍方國防部政工單位也有關係，軍方利用他的種種關係，在巴黎開了一家黎明書店，台北雖然派了李牧、成天明等人，來巴黎管理書店，但都鬥不過滕永康，而居下風。在巴黎凡是國民黨黨員都向他報到，聽他的領導。不是黨員的對他也很遵從，在當時的環境下，很容易不知不覺中受了暗傷，因此都要小小心心的堅持反共立場。

滕永康做事很認真，有甚麼大節日都會集會紀念，使大家有機會聚聚，語云「樹大招風」，一些有台獨傾向的留學生，都以他為敵，有一位名叫黃昭夫的台籍留學生，他竟然在青年節的聚會上，預藏了尖刀，在散會於滕永康不注意時，在他脖子旁刺了一刀，鮮血直流，灑滿一地。當時我也在場，大家忙將黃昭夫制服，為滕止住血送到醫院急救，幸無生命的危險。

我真不明白，滕永康也不過是一小小黨官，不是政府大員，他在巴黎有兒有女，大家都是在海外討生活，黃昭夫竟去殺他，實在偏激又偏激。他不想想刺滕的價值何在？

永康先生因這一事件出了名，國內對他的忠貞為國，大難不死嘉勉再三，職位更加穩固，再加多方慰問金的致送，真是名利雙收。而黃昭夫因殺人罪入獄，鐵窗冷清得不到一點掌聲，真是所為何來？

教育部派駐法國，輔導留學生工作的趙克明，是留法博士，法文很好，人也非常和氣，許多留學生都很敬重他。他在法國多年，娶了一位法女為妻，曾是蘇神父的女秘書，生了一個男孩，以離婚收場。他當時單身，大概想娶個中國太太，對年輕貌美的女留學生，很感興趣，最後總算娶了一位美女劉莉，修成了正果。

在巴黎我派駐人員，原來是陶、滕、趙三巨頭，三足鼎立，陶先生與滕永康兩人則明爭暗鬥的很厲害。陶先生與法官方關係很好，所領導的單位，已是半官方身分，法國各方均視陶先生為我方代表，地下大使。但他與僑社各方關係，未能建立與維護。滕永康則在僑社關係深厚，並有黎明書店，代表背景的不凡，因此二人在互不服氣，而趙克明雖然平和不爭，保持中立，但他與滕似較接近。這時我中央社要派員來巴黎長駐，楊允達是屬意人選。楊允達台大外文系畢業，英文程度很好，曾任美聯社在台記者，後轉入中央社，曾派駐非洲等地，他在國內與黨政救國團等方面，均有很好關係，派他來巴黎，也可見對他的重視，他來信求陶先生幫他辦入境簽證與在法居留問題，陶先生與他私交不錯，當然大力幫忙，並期待他來巴黎後，成為一位好幫手。

楊先生以中央社特派員身份，來到巴黎後，由原來三巨頭變成四巨頭，四輪馬車。這時國內方面希望四方面通力合作，加強我在歐洲實力，上級人員曾來巴黎，協調四人，希望建立協調會報機制，由陶先生為召集人。初期很具功效，大家和和氣氣，工作上相互支援。後來就離心離德，互不服氣，他三人認為陶先生脾氣太大，太多霸氣，最後竟撕破臉，互在國內動用關係，打小報告，拆後台是不斷上演的戲目。他三人合成一氣，力量當然大些，陶先生則成了戰敗的一方，我方外駐人員，陷於內鬥，這事司空見慣了，並不是巴黎才獨有。

我很不願談我方派駐人員內鬥的事，因為這四人都是我的朋友，何況那時我也陷入局中，左右為難，家醜不可外揚嘛！不過現在談談，已是昨日黃花，無關緊要了。

我在巴黎新聞局駐法新聞處工作了五年，返國後承國際處處長戴瑞明先生接見，他勸我回去，願對我以正式人員任用，提高待遇。因此可見他們對我工作表現的肯定。新聞局長丁懋時也破格接見，慰勉有加。可是我已答應楚崧秋社長，到中央日報任職，對巴黎只能說聲再見了。

當時我外交單位全部從巴黎撤走，對法外交成真空狀態之下，我追隨陶宗玉先生奮鬥，從無到有，成立法華貿易觀光促進會，等於為我們設立的使領館，我在這裡工作了五年，也等於站上了外交的第一線，做了一位很卑微，很不起眼的小兵，獻出青春歲月與微薄力量，認為非常光榮，此生無憾。

七、夫妻團圓在花都

在巴黎我有工作證，可以長期居留，在新聞局駐法新聞處幫忙陶先生工作，每月有七百美元的收入，在當時節儉的用，每月均有盈餘，因此有接內人祖娟來法的打算。

在我出國期間，祖娟住在基隆娘家，並在附近小學當代課老師，孩子由岳父母照管，一切均稱安定，對來法的事，雖然是其所願，但不是那麼急切。

小兒亦杜那時一歲半左右，有一天內人疏於照顧，他竟然爬上小桌子，不小心跌了下來，一頭跌在磨石子地上，雖未頭破血流，但事後有嘔吐現象，內人急忙把他送入基隆醫院，住院觀察，醫生檢查後認為並無大礙。

第二天下午，內人忽發現小兒臉色發青，呼吸急促，手腳抽筋，情形非常危急。內人也顧不得叫護士，抱著小兒就衝上護士檯。護士見狀，也慌了手腳，不知發了什麼病，忙著叫醫師，這時內人因見小兒抽筋痙攣，怕他咬斷了舌頭，忙把手指頭放在他嘴中，檔住了上下牙齒。這時內人發覺手指碰到一種硬物體，忙叫護士觀看，護士看了後，用夾子在小兒口中抽出一個奶嘴。在抽奶嘴時，小兒臉已經發紫，糞尿流滿檯面，生命已在頃刻之間了。奶嘴抽出來，挽救了他的生命，臉色也慢慢的轉過來。這時內人嚇得早已面無人色，哭聲不止。如果遲幾秒鐘，後果就不堪設想了。這種驚險鏡頭，一位老護士說，是她三十年護士生涯中所僅見者。

小孩吃奶嘴，是種壞習慣，也是懶母親哄孩子的笨辦法，這對內人是一很大的教訓。

由於這一突發事件，使小兒險些送命，岳父母認為他們母子住在娘家，決非長久之計，希望祖娟攜子赴法，趕快與我團聚，不然小兒在台有什麼閃失，他們擔待不起。

民國六十二年，我在法國移民局，為妻及杜兒辦妥了來法的手續，但由於考慮到在國外的日子不好過，又不敢冒然的叫妻小來，一直拖了半年多，朋友警告我不能再拖了，再拖核准文書恐怕失效了，於是我才下了決心，寫信叫妻小儘快來法團聚。

妻在國內，從小到大一直未離開過她的父母，更沒出過遠門，現在要帶著剛滿周歲的孩子，到萬里外的法國來，實在有些難為她，這對她的勇氣是一大考驗。

妻淚灑松山機場的場面，我未曾看到，但在老同學鄭琬瑩的來信中，我知道了一個大概。琬瑩說……「那天，祖娟在松山機場和她父母哭成淚人兒，當她提著沉重的提包，抱著不懂人事的孩子，走上飛機時，看她纖弱的背影，我忍不住的哭了，我佩服她的勇氣，這也許是夫妻之情在支持著她，使她那麼勇敢。」

妻到了香港，由於朋友的介紹連絡，安排住在一所天主教教會醫院中。

妻和教會的姚神父以前素不相識，但他對妻小的照顧，親切如同家人，到港的第二天，姚神父冒著大熱天，帶妻到法國駐港領事館辦理簽證手續，但主辦人看了證件之後，認為申請赴法的期限已過，領事館不敢作主，要請示外交部。

妻聽到這話，一時呆住了，因為她在香港的簽證只有五天，如不能及時赴法，機票已買了，臺灣也出境了，香港簽證到期則不能再停留，抱著孩子，拖著大包小包的行李，怎麼辦呢？妻一向愛哭，這時瞻前顧後，更不由的悲從中來。

據妻後來說，姚神父在一再求情，不得要領之後，見妻哭成淚人兒，眼眶裡也充滿了淚水，不停的在擦眼鏡。

次日，他找了一位法國的神父，去領事館說情，在多方請求下，總算獲得了簽證，姚神父這時才大大的鬆了一口氣，妻事後說，她永遠忘不了姚神父對人的愛心與同情心，忘不了那感人的眼淚。

杜兒那年剛一歲多，體弱多病，在港一直拉肚子，同時移民來法要身體檢查，妻總不能一直拖住公務煩忙的姚神父。這時醫院中一位姓楊的護士小姐，是位熱心腸的人，她冒著大熱天，幫忙買藥，買東西，並帶著到法領事館指定的醫院檢查身體。

妻說，楊小姐是位大胖子，體重最低的估計也有六、七十公斤，在如火的烈日下，跑來跑去，腰部的裙子都濕透了，手帕可以擰出水來，為了替妻省錢，說什麼都不坐計程車，她見妻身體瘦弱，還幫忙看孩子，讓妻休息，妻說，從沒有看過這樣熱心腸的人。

妻來法後，與她連絡，她說可能受聘後到英做護士，後來再去了兩封信，未得回音，從此失去連絡，深以為憾。

我與妻在巴黎相聚，看到兒子活潑可愛，興奮之情不可言狀，祖娟與我相擁，泣不成聲，眼淚代表了一切，更勝過了千言萬語。

在巴黎我們展開了新生活，塞納河畔，艾菲爾鐵塔下，羅浮宮內，在假日常有我們一家的影子，這段生活是甜蜜而充實的。

我們居住的地區，雖然有中國人，但不密集，周鄰四舍多為法國人，法國人雖然沒有種族歧視，但因語言不通，很難有基本的交往，我上班後祖娟與小兒悶在家中，心情孤獨與落寞是必然的。

對我而言，在新聞局駐法新聞處擔任聘僱人員，解決了生活問題，沒有什麼前途可言，學有所成回國服務，才是正途。祖娟的來聚，雖有了家的溫暖，但因無工作能力，不能為我分擔什麼！就因她個人的價值無法顯現，來法一年之後，祖娟興起了不如歸去的念頭。

在經過長期的考慮後，我們決議由祖娟先行回國，我在學業結束後，儘快買棹歸航，一家在國內團聚。

祖娟攜子回國後，在內兄安排下，進入聯合報系服務，當時美國世界日報創刊，祖娟在該報台灣辦事處任職，工作安定，使我少了後顧之憂，也加速了我回國的意念與時間。因期待一家再團聚的日子就在眼前，「爸爸就快回來了！」這是小兒常掛在嘴上的一句話。

祖娟在巴黎一年半，認識了巴黎，體驗了國外生活，感覺月還是台灣的明，水還是台灣的甜，這則是她最大的收穫。

八、我在中央日報的日子

我於民國六十五年八月由巴黎回國，回國後的工作問題，暗中盤算有兩大方向，一是去聯合報，一是去中央日報。對聯合報而言，我被聘為駐法特約撰述，寫了不少西歐政情分析，及中共對西歐的外交動向所產生的影響等，對聯合報國際新聞版面，增加了一點聲勢。王發行人惕吾到巴黎多次，對我的印象很好，鼓勵有加，同時內兄陳祖華已貴為該報副總編輯，內人也為新進員工，去聯合報似乎是合情合理，問題應屬不大。去中央日報的可能性，則是楚崧秋先生是我任職中華日報時的社長，楚先生在我赴法時，接見我特別嘉勉，並聘為駐法特約記者，令我受寵若驚，無限感激，在我困頓巴黎，心灰意冷，有意回國時，為我安排了新聞局駐法新聞處的工作，使我從困頓中安定下來。在他以當時的地位，只是小事一樁，閒話一句，在我則是人生的轉捩點，因此心存感激，常與他連絡致候，他對我在巴黎的表現，亦鼓勵有加，此次返國在中央日報為我安排工作，可能性是很高的。

果然不出我所料，當我先赴中央日報拜見楚先生時，他親切垂詢我的情況，得知我不再返法，要在國內工作時，當即希望我來中央日報服務。中央日報當時聲譽仍隆，與中時、聯合報鼎足而立，我當時立即答應，於是就一言為定。第二天拜見王發行人時，他已知道我的決定，取笑我說：「你想做官啊！」面對長者，我未作什麼解釋。事實上聯合報人才濟濟，王發行人禮賢下士，我這一小角色又算什麼呢？

行政院新聞局當時丁懋石先生任局長，戴瑞明先生為國際處處長，他們二人曾分別接見我，希望我能回去，並可提高待遇，正式任用。但我已到中央日報任職，豈可輕諾無信。我在巴黎的表現，能獲得長官的嘉勉，我非常欣慰，也非常的感動。當時的新聞局，上下認真做事，沒有所謂僚氣及衙門觀念，當時的政風，朝氣蓬勃，令人感動。

我進入中央日報，以主筆室編撰職位任用，調國際版工作，編國際三版及家鄉風貌專版。以前在巴黎是中央日報國際版的讀者，國際版是留學生的精神食糧，我常與室友柴松林教授，討論國內重大新聞，兼評國際版的新聞處理，標題的優劣，想不到有一天由讀者變成了編者。

我在中央日報升遷很快，入社一年後升任國際版副主編，主編為唐盼盼先生，兩年之後又升任國際版部業務組經理，我接任經理時楚先生已離開中央日報。

在國際版部經理任內，負責行政業務，下有職員十二人。業務組除了經理與課長是男的外，都是女性，年輕貌美，很不好管理。我做事認真，爭取到政府對本報紙張補助的預算，以前僅限於航郵費一項。在這裡要說明的，中央日報國際版的成立，是為政府加強國外宣傳，免費贈閱報紙給海外留學生及學人。先前報份較少，政府在教育部國際文教處名下，為本報編列寄報的航空郵費。紙張費則本報自理。報紙為極輕的聖經紙，紙價甚貴，報社實不勝負擔。這時爭取對紙張費的增列，對報社算是謀得了很大的利益。同時推動各縣市編預算贈報海外子弟，也收到很大的效果，因此報社對我獎勵有加，年終考績列為特優。

這時趙廷俊總經理認為我有經營頭腦，表現良好，調我任經理部廣告組組長，主管廣告業務。廣告為報社之命脈，責任重大，接任之後戰戰兢兢，如履薄冰。但我以勤補拙，每天跑廣告公司及國內企業大戶，廣植人脈，得到很好的效果，業績每月都有增長。

民國六十八、九年間，國內經濟起飛，房屋建築業出現最大榮景，國人有錢者競向購屋。建築商不管成屋或預售屋的推售，都靠在報紙刊登的廣告，我指揮同仁，大力爭取，報社廣告營收屢破紀錄。我真是好運連連，成了報社紅人。報社為了獎勵我的努力，提升我為經理部副總經理兼廣告組長，在中央日報算升遷最快者。

我從法國回國之初，暫時在基隆岳家與在台北家兄診所借住，但終非長久之計，乃動了買房子的念頭，那時在松山區大道路有一中古房舍出賣，兩房一廳二十五坪左右，叫價新台幣三十萬元，我由法國帶回美金折合台幣約二十萬元，再在銀行貸款十萬元，買了房子置了產，總算有了棲身之所。

祖娟搬進新居之後，把兩人的收入精確計算，從一鍋一碗添起，並且精心佈置，不到半年，傢俱、電視、冰箱一應俱全。房屋雖不大，但窗明几淨，一點都不寒酸，這充分顯示了祖娟的精明能幹。

在小兒進入小學時，祖娟又懷孕了，最後幾個月挺著大肚子，上班工作，下班買菜、做飯、教小兒讀書，實在很辛苦，她似乎甘之如飴，沒有什麼抱怨。

民國六十六年八月十四日小女亦莊出生，雖然充滿喜悅，但祖娟忙上加忙。產假過後，她到報社上班，誰帶孩子是一惱人問題，幸虧家兄住在附近，嫂子願代為照顧，困難獲得解決。不過上下班，接送孩子，每天都是忙忙碌碌的像打仗一樣，一天結束了，第二天又開始，難得有所休息，職業婦女養兒育女，真像進入了勞改營，只是心情不同而已。

民國六十八年間，我因工作忙碌，到晚間九時左右方下班回家，下了公車，與一行人前後而行，當天下著小雨，行到林口街附近小巷口，剛跨過十字路時，一部疾行而來的計程車，不偏不倚的把我撞個正著，一時昏迷過去，過了幾分鐘才清醒過來。醒來時我躺在路上，皮鞋碰得不見了，眼鏡變得粉碎，臉上傷了好幾處，牙齒掉了三顆（事後發現的），最糟糕的是右大腿被撞斷了。我滿臉是血，狀極恐怖。幸虧這位計程車司機，還有點良心，急忙下車與行人一同把我檯上車去，送往附近的醫院去急救。我在車上安慰這位闖禍的司機，說我有勞保，不要太為醫藥費擔心，並請他打電話通知我的家人，因為我怕他把我開到無人的地方丟了下去，來個畏罪潛逃，人心莫測，我不能不提防這一點。他把我送到醫院，叫來了內人，在小醫院稍做急救後，招來了一一九的救護車，把我送入台大急診室後轉馬偕醫院。

在馬偕醫院，承黃副院長的幫忙，及骨科黃醫師開刀醫治，在他妙手之下，總算保住了我的右腿，但住了整整兩個星期的醫院，用了八個月的拐杖，所吃的苦，所受的罪也就不能提了。

住院的費用由勞保局擔負，我掉了三顆牙齒，遺失了一雙新皮鞋，一架金邊近視眼鏡，破了一套新西裝，換來的是三萬元的賠償費。因為計程車司機家境不佳，事情發生後，他的悔恨及其太太的眼淚，使我狠不下心來。事實上，我光做三顆門牙，就用去了二萬五，住院的自理費用，坐了半年的計程車，自己的痛苦，家人的驚嚇，也就二兩重的棉花，免彈（談）了。

事後我才曉得，這位司機害有眼疾，剛在家打了孩子，與太太吵了一架，氣衝衝的開車上街。本來把氣出在車上，不想碰到我這個「倒楣鬼」，把所有的氣莫名其妙的都出在我身上了。人要倒楣無從解釋；因為我要早一秒或慢一步，這種禍事是可避開的，但一切都是無巧不成書，霉運當頭，也只有認了。

不過，這件事檢討起來，我仍然認為幸運，因為車禍發生，我是被撞趴下去的，牙、臉、腿是倒了楣，但保住了大腦。如果我被撞得仰下去，後腦著地，不當場慘死，恐怕也要變成植物人了。寫到這裡還真要感謝這位司機「撞得好」！同時「大難不死，必有後福」古有名訓，朋友都說我是個有後福之人。

在我車禍住院、出院後使用拐杖期間，祖娟照顧我，照顧孩子，驚恐、憂慮、禱告上蒼，所受的苦於我有過之無不及，患難方見夫妻情，這一車禍對我對祖娟都是禍從天降，噩夢一場。

一場車禍使我感到家的脆弱，如果我成為輪下亡魂，這個家將何以維繫？大難不死，才感到夫妻之情的可貴，及感到一位丈夫對家庭責任的重大，以後有多次出國工作的機會，我都毅然放棄了，我認為人生最大的幸福，莫如一家團聚，患難與共，夫妻相愛，各盡其責。

民國七十二年，王惕吾先生在創辦美國世界日報成功之後，計劃在法國巴黎創辦歐洲日報，他想到了我，要向中央日報借人，聘我為歐洲日報總經理，希望我重回巴黎，為這一份新報紙打拚。在盛情難卻之下，我未多加考慮就答應了，事實上策劃主持者為其長女公子效蘭女士，彼旅歐多年，人際關係良好，又精明幹練，經驗豐富，同時也有班底，我名為總經理，實際上是她多一個幫手而已。

去了巴黎，在歐洲日報工作了一年多，在經營績效上，總有施展不開的感覺，我面臨的問題更大，一是長期居留權無法取得，二是生活費太高，這兩種現實情況，我們夫妻常在電話中交換意見，有不如早日回國的結論。我的苦衷，效蘭發行人深表理解與諒解，就准許我做一個逃兵，當我登上飛機向巴黎告別時，有種如釋重負的感覺。

回到國內，重回中央日報，重操舊業任副總經理兼廣告組長，一切都回復到從前。

民國七十四年，中共人民日報國際版，在美國發行兩大張，而中央日報只有一大張，總統經國先生認為海外宣傳不可落後，應儘速增為兩大張。當時國際版採用航空郵寄，用聖經紙減輕重量，寄歐美每份郵資為七元，增為兩大張每份要十四元，費用太過龐大，應想出又增張又不增太多費用的對策。研究了許久，均沒有結果，奉命督促增張的文工會主任宋楚瑜先生有些不耐，把駐日特派員黃天才調任副社長主持其事，姚朋社長特調派我到國際版從中協助，並希望能在短期內完成增張任務。

在長官的期許下，我經過苦思、動腦、調查、徵詢，提出了用華航託運，在洛杉磯分發轉送的辦法，台灣的時間比美國快了一天，利用時差及航運，當天的報紙可在美國上市，條件是要與華航的班機配合的好，並在洛杉磯設立營業處。例如某月一日發行的報紙，送上班機，飛行十二小時到達洛杉磯，辦事處人員迅速在倉棧取報，分送報攤，僑胞則可在同日看到中央日報，同時在當地郵寄也省錢省時。這一辦法經測試可行可靠後，就決定採行，並派我到洛杉磯出差一個月，建立發行網，所需的費用與以前一大張差不多。在長官的信任與支持下，我解決了困擾多時的增張問題，達成了上級交付的任務，也為國家海外文宣、僑胞、留學生以及學人們精神食糧的充實，作出了貢獻，這是值得記憶的得意事。

由於我對國際版增張託運的大事，辦理的很具創意與績效，文工會主任宋楚瑜先生對我印象不錯，委派我到中華日報擔任總經理，襄助社長詹天性先生，中華日報有南北兩版，北版在報業激烈競爭下，業務不振，我到任之後，在詹社長的大力支持下，力求振作，業績提昇，士氣高昂，很有一番中興氣象，不過人事費用太高，最後還是逃不了停刊的命運，今日思之仍不勝嘆惜。

黃天才先生在中華日報北版停刊時，已升任中央日報社長，由國際版增張共同策劃推動的相處，對我的能力及幹勁都表信任與贊許，在中華日報北版善後問題，處理告一段落後，我又回到中央日報擔任總經理，這時中央日報已從忠孝西路搬到八德路新建的大樓，這一名為華夏的大樓，從發包到興建完工，我也貢獻過不少心力。

接任中央日報總經理職務，面臨的是更嚴峻的挑戰，因為國內的政情丕變，政治開放的暗潮洶湧，政府取消了報禁也取消了限張政策，中時、聯合以及自由時報，以雄厚財力及營造優勢，爭取分食報業市場，報業已進入戰國時代，公營報紙很難與之抗衡，再加鄰里長報被反對派攻擊而停訂，勞基法的實施，連送報生及發行網路都出了問題，我到處救火，精疲力竭，焦頭爛額，直到石永貴先生接任社長，把我調任主任秘書，方算脫離了苦海。

我在中央日報工作前後達二十五年之久，直到屆齡退休。我曾兩進兩出，歷經了九位社長的更替，四度出任主任秘書之職，我做過總經理、主任秘書、國際版主任、兼任過研考、人事主任，歷經工會風潮，人事精減的衝擊，曾看著起高樓，也看著樓賣了，曾享受在中央日報工作的榮寵，也遭受過沒落的譏諷，我為報社付出不少心血，創了不少記錄，但世事無常，潮起潮落，看開了，就是這麼一回事。

在中央日報我被稱為九朝元老，追隨過九位社長。現在我願把在中央日報服務時，歷經的九位社長，他們的經營理念及作風，分別述介於後，文字內容難免有重複之處：

我進入中央日報是在楚崧秋社長任內，楚社長是從中華日報社長調任，辦報既有理念又有經驗。在任內獨家刊出「蔣總統祕錄」，全文共一百四十萬字，原文由日本產經新聞委專家執筆。中央日報特別譯載，中日兩報合作，以後陸續出版十五冊單行本，每冊銷數平均多達四十萬冊以上，對報社營運俾益甚大。同時他並訂出「內容好、印刷好、服務好、出報早」的原則與目標。使中央日報在報業競爭中仍維持大報水準與聲望。他注意員工的待遇與福利，為安定員工生活，曾克服重重的困難，協助同仁興建四層公寓式住宅約百戶於天母。並實施子女教育補助費的全額補助。他在中華日報時也為員工在大直興建住屋，但他自己都沒爭取一戶，高風亮節，令人欽敬。

六十六年九月三日，楚社長被調職，由曹董事長聖芬暫兼社長。他自民國五十年出任社長，在位達十一年之久，是在位最長久者。他曾任先總統蔣公秘書；文筆學養均佳，但思想較保守。他力主中央日報的純淨性，綜藝版不准刊男女歌星之新聞。中央日報資深美女上官美博女士，是歌星青山的歌迷，向曹社長要求多次，才見了一次報，由此可見一斑。

民國六十七年三月吳俊才先生接任社長。他是馬星野先生的妹夫，印度問題專家。平素輕聲細語，溫文儒雅。他辦報的理念，是報紙雜誌化。開闢七大週刊，分別為「主流」、「文史」、「讀書」、「健康」、「旅遊」、「法紀」與「生活」，分別敦請學者專家擔任編輯顧問及特約撰述。此外並在週末刊「信愛望」週刊，旨在引導社會走上樂觀進取。刊名宗教意味甚濃。

中央日報這樣改版，對發行與廣告沒有什麼助益，社內有反對聲音，但吳社長對他的理念則很堅持。

民國六十八年二月，吳社長調升中國國民黨中央黨部副秘書長，出任社長之職僅十一個多月。社長由副社長潘煥昆升任。潘社長政大新聞系畢業；服務新聞界達四十年之久，升任社長並不會令人意外。

潘社長為人和藹可親，平易近人，使得報社上下一團和氣。他知人善任，副社長為姚朋兼總主筆，薛心鎔任總編輯，趙廷俊任總經理，均為報社老人，對他們可放一百個心。我也在他任內調任廣告組長，並升為副總經理。報社在他領導下，充滿了生氣。潘社長夫人臥病甚久而去世，後又結婚，經濟情況僅稱小康，因此很簡樸、廉潔自持，令人敬重。但他與過去諸多社長相較，是屬資淺聲望較低者。潘社長任社長一職只做了兩年三個月就調任中央社社長、中央日報社長由姚朋先生升任。

姚朋先生是名作家，常有文章刊諸報端並有小說散文之新書出版，可謂著作等身，國內外知名。難得的是他不但小說散文寫的好，社論也寫的很叫座，而且快手快筆，下筆千言，倚馬可待。中央日報社論不好寫，總主筆不好當，但他做與兼達九年之久，實在令人欽佩。

姚社長生長在北京，方面大耳，身材壯碩，十足燕趙男兒形象。但因為是文人作家，又有些氣宇軒昂、溫文儒雅。在他任內國內新聞界競爭激烈，民營報紙中時，聯合爭鋒，公營報紙黃金時代已去，在經營上有些力不從心。在他任內購買高斯印刷機，改進印刷。籌建八德路大廈，準備遷社，因為火車站擴建，都市計劃執行，中央日報現址被徵收。另外還發生爆炸案，樓梯被炸，有人受傷，震驚國內。是台獨份子的手筆之一。

此外中共人民日報海外版在海外發行兩大張，總統經國先生要中央日報國外版跟進，指示文工會及早完成。文工會便指示中央日報速予規劃，要錢給錢，要人給人。報社委副社長薛心鎔主辦此事，半年無功。文工會宋楚瑜主任很生氣，薛副社長被調職，將在日本的黃天才特派員調任副社長主辦此事，姚社長有些心中不快，是可想見的。

黃天才先生返國接任，招兵買馬，編採人員很快齊備，但航郵發行仍有問題，經費居高不下，找不出善策來。此時，姚社長乃派我去國際版襄助黃副社長，我想出了由華航託運，在美國郵局投寄的辦法，因時差關係，當天報紙可當天在美上市，總算完成任務，解決了增張的大問題。因為這一辦法節省很多經費，且易執行。

七十六年一月二十日姚社長調職，社長一職由副社長黃天才升任。黃天才正人如其名，外號叫「天才老爹」。他任中央日報駐日特派員達二十多年之久。由日文不會到會，寫出的報導擲地有聲，使讀者喜愛。他不會下圍棋，但寫的圍棋比賽逸趣橫生，抓住了圍棋的精髓，人人愛看。他利用在東京之便，於中共文化大革命文物外流時，他成了文物鑑賞及收藏家。他與畫家文人結交，常為張大千的座上客。為讀者文摘寫文章，稿費很高，在其他藝文雜誌，也常有宏文發表，他的文章娓娓道來，有濃郁的文人特殊味道，聽說總統經國先生很喜歡他的文章。

黃社長平易近人，常有妙語，令人親近。他任職副社長兼海外版主任時，在海外慣了，對國內的會計制度有些不能適應。他找來的編採人員，日常行事用錢，常不合會計報銷的規格。尤其當時會計主任是人稱趙鐵頭的趙青萍，很多無法報銷，黃副社長頭大，姚社長也為難。姚社長叫我去輔助他，真為他解決了不少問題。尤其報紙由華航托運，解決了難題，我出差美國一個月，把一切問題都處理好。我們無形中建立了革命情感，他接任社長時我在中華日報任總經理，中央日報總經理懸缺，等著我接任。

黃社長返國任職，我駐日代表馬樹禮已返國接任國民黨中央黨部秘書長，黃社長與馬先生往日情誼深厚，再加經國先生喜歡天才先生文章，他接任中央日報社長，只是時間問題。

黃社長接任社長，適逢政府開放報禁，取消限張，國內政治情勢丕變。中央日報的鄰長報被在野黨人攻擊，停列預算，這對報社衝擊很大。中時、聯合增張、本報不增張不增加編採人員不行，引進太多人又可能造成財務負擔，實在兩難。在這種情況下黃社長受到很大的困擾，做部屬的也很難為他分憂解勞。

民國七十七年元月十三日總統經國先生去世，國內政治局勢將發生很大的變化。

七十七年四月黃社長調中央社，中央日報社長由石永貴先生接任。他出任過新生報社長，台灣電視公司總經理。石社長遼寧人大概祖輩是從山東遷過去的，因此有山東人的脾氣。他接任社長後將我的總經理職位調為主任秘書，這點我很感謝他，因為我對這一職位實在厭倦了。

石社長人很正直，生性節儉，知道中央日報情況後更加節省，員工離職遇缺不補，以節省人事經費。不該花的錢決不花，請朋友吃飯大多為一碗牛肉麵，他是回教徒，朋友們對他也不太計較什麼。

他很注重報社業務的興革與員工的教育訓練，常請一些專家來報社診斷，提出改進意見。也請專家演講，改變員工一些舊思維，增加一些新觀念，但因大環境如此，很難有大進展，非戰之罪也。

這時國內實施勞基法，並很先進，同時報社印務部亦由人工檢排，改為電腦排版，牽涉到技工轉業與退休問題。技工們則組織工會與報社抗衡，爭取各項福利。並常開群眾大會，吵鬧不休。我是主任秘書，首當其衝，我在大會上任他們出言不遜，總要堅持立場，盡量不要社長站在第一線，以維他的尊嚴。社長也知道我的苦楚，不時慰勉。在緊要時期工人群眾大會每週一兩起，平時個別工人來辦公室吵鬧不休，不能安心工作。當時真是每日處在水深火熱之中，是在考驗個人的修養與氣度。

中央日報此時遇缺不補，我主任秘書有時身兼研考室，人事室主任，一人兼三職位，兼職不兼薪，簡直是壓榨勞力，為報社祇有鞠躬盡瘁，有口難言。

有次華視電視劇「生命的鎖鍊」，發生糾紛，本報一位影劇記者寫的報導，製作人周令剛大為不滿，揚言提告。石社長緊張得不得了，要我出面去擺平。並說如果打官司報社有損失，要我負責賠償。我是主任秘書不錯，這事我沾不上一點邊，要我賠償，這話從何說起！我苦笑了一聲，就想盡辦法辦這事，還拜託了民生報石敏副社長及我任職聯合報採訪組的同學唐經瀾，真是大費周章。

還有中央日報火車站前報社建築拆遷的賠償問題，還有部分沒有解決，石社長命我與行政室主任劉德勳，每天去捷運局找局長賴世聲解決，並每天向他報告結果。我與劉主任每天去捷運局報到，每次均去找副局長吳夢桂，與他是老朋友。他每天接待我們，開玩笑的說「你們乾脆在捷運局辦公上班好了！」石社長就是這樣緊迫盯人。他認真我們勤跑腿，都是為了中央日報。

石社長與李總統登輝關係似乎很好，與駙馬爺賴國洲常有來往，後來調任中視總經理，可見是有後台的。

石社長在中央日報任職達七年之久，我擔任主任秘書工作很吃重，他雖然節儉，能省就省，他竟然兩次派我赴大陸參訪，享受公費。第一次參加海基會所組的珠江三角洲台商訪問團，我任副團長，參訪了深圳、東莞、珠海、廣州等處的台商工廠，是我第一次登上大陸的土地。第二次是派我參加由袁希光先生率領的台灣報業訪問團，到北京、西安、南京、上海等地參訪，也大大的拓展了視野。袁先生大陸關係很好，多處受到禮遇，收穫自然很大。我想這是石社長很有人情味的一面，並非「石頭」一塊。

民國八十三年左右石社長調中視總經理，中央社社長唐盼盼調任中央日報社長。

唐盼盼原在楚社長任中央日報社長時，任國際版主編，原主編石敏離職由他接任。後被提升為副總編輯。他的父親是工專校長唐智先生，是楚社長政校同學，當然有提拔他之意。他後來被調赴革命實踐研究院受訓，與蔣孝武同期，而建立了關係。楚社長離開中央日報後，他也離職。蔣孝武任中廣總經理，他投奔他而去，蔣最後他調，乃推他升任中廣總經理，之後又調任中央社社長，而今又調任中央日報社社長，他很自滿，因為國民黨黨營三大媒體他都主持過，放眼國內有此機緣資歷者不多。

唐社長跟隨過蔣孝武可能學會了他的出手大方。到了中央日報先停租市銀行中崙分行，收回一樓自用，他說誰家會把客廳租出去。另外在高雄設印刷廠，印南部的報紙，這是很花銀子的。最大手筆還是贈送國民黨基層小組長報，未經上級核准，接到白紙黑字核准公文的就自個做了，每天贈一萬五千份，送了一年半，花了八億多。中央黨部不認這個賬，當時的祕書長是許水德，他推了個一乾二淨。這錢要中央日報自己負擔，賣了舊大樓拆遷補償執份的雙子星大樓產權，才補上這一大深洞。可笑的是報份每月增十五萬份，未加強宣傳，來增加廣告量的收入。中央日報至此元氣大喪，達到無力回天之境。

唐社長為此賭氣辭職，馬上獲准，並未安排任何工作與職務。他之辭職之速，正如他決定贈送小組長報，缺少深謀遠慮，至少可以爭取一個職位再辭職才好。不過辭職抗議，未爭取他職，也可稱為「硬漢」。

唐社長去職，黨方派黃輝珍先生接任，黃社長在中國時報任主筆，年輕有為，是李登輝總統所欣賞的人。黃社長到任之時，我的職務僅是研考室主任，當時內人經醫生診斷患了失智症，已自聯合報系世界日報退休，我有些萬念俱灰，乃應人事室主任之勸說，辦理提前退休。同仁紛紛請我吃飯慶我榮退，有的為我流下傷別之淚。不想黃社長一來，即委我重任主任秘書，因此被留了下來。真是「無邊落木蕭蕭下，不盡長江滾滾來」。

中央日報元氣已喪；很難康復，黃社長雖想辦法力挽狂瀾，但欲振乏力。他帶來的總經理安邦，由於工作勞累，未按時吃藥，竟在上廁所時，在馬桶上腦溢血而亡，真是「出師未捷身先死，長使英雄淚沾襟」。

中央日報自馬星野先生始，社長、編採、經理、言論部門的主管幹部多係政大畢業者，形成了政大系統。社長如曹聖芬、潘煥昆、姚朋、黃天才、石永貴均係畢業於政大，唐盼盼社長係政治幹部學校畢業，打破了政大系統。黃社長輝珍的出任，由於是李登輝總統培植的人，代表了中央日報要轉向了。可惜民營報紙如聯合、中時，異軍突起，佔了大半天，黨報已失去了往日的光環，黃社長瞭解中央日報，對這一破落戶已無太大的興趣，以他與李總統的關係，在政壇發光，是指日可待之事，因此任職中央日報社長自不會長久。

黃社長調職之後，中央日報社長由中華日報董事長詹天性兼任，詹先生是我任職中華日報總經理的老長官，這次又共事了，他是報紙經營的長才，在台南的中華日報被他經營的有聲有色，每年都賺錢。接下中央日報則有巧婦難做無米之炊之感，報社賠錢，生存要靠黨的補貼，且數字不小。這一切要看黨營事業大掌櫃劉泰英的臉色，在他的指使下，中央日報的天母倉庫土地賣給了建商，中央日報的華廈大樓賣給了中央影業公司，中影成了大房東，中央日報成了小房客。中影派人接管大樓，中央日報僅租了兩個樓層，中影還怕這一窮房客付不出房租來。我在中央日報任職達二十五年，看到中央日報的盛時，也看著他衰落，真是「看著它起高樓，看著它樓塌了！」真是無限感慨。

八十九年十二月我年滿六十五歲，屆齡退休。詹社長在社務會議上，送我紀念品，歡送我榮退。我很幸運的在中央日報全身而退，並領了不少的退休金。退休之後，即很少回去看看，因為看到大樓就難過。以後中央日報如何演變，直到停刊，我就不知道了，也不想知道。

九、從歐洲日報到中華日報

王惕吾先生在中國新聞史上，無疑的是一極重要人物。他以一位退伍的團長，在台灣辦報，從民族報到聯合報，再發展到聯合報系，實在不容易，實在是一位寫下新聞史的巨人。

我與聯合報系的關係，是我在巴黎曾任聯合報駐法特約撰述，寫了不少有關歐洲政情的專欄報導，王惕吾先生多次去巴黎，我都側身在歡迎之列，對我的印象很好，我回國後也曾去拜訪過他，我在中央日報工作的狀況，透過內兄陳祖華他也有所瞭解。

在民國七十一年間，國內經濟起飛，國人生活安和樂利，新聞事業蓬勃發展。這時王惕老的事業如日中天，已發展為聯合報系，手下有在國內的聯合報、經濟日報、民生報、聯合晚報等，每個報紙都賺錢。在美國的世界日報，總社設在紐約，並在洛杉磯、舊金山、休士頓及加拿大的溫哥華、多倫多都有分社。在亞洲則有泰國曼谷的世界日報。這些報實實在在的建立了他的報業王國。他的雄心壯志，是要聯合報系的報業，如同十九世紀的大英帝國「日不落」。在他全球佈局下，似乎只缺了歐洲。因此他一心一意要在巴黎成立歐洲日報，由他大女兒效蘭負責，他想到了我，先教內兄陳祖華徵詢我的意見，祖華內兄當時已被任為歐洲日報總編輯，他認為王發行人如此看得起我，我不應該拒絕，岳家也勸進，於是我接受了他歐洲日報總經理的任命。

我接受惕老的此項任命之後，即在中央日報姚朋社長的同意下，我轉到聯合報上班，等待法國的簽證下來，即赴巴黎展開工作，事實上籌畫歐洲日報開辦，王效蘭發行人及她的愛將夏訓夷策劃很久，我是一位插隊者，知道內情後，覺得多此一來，頗感不安。

過了一個月左右，赴法簽證下來了，秘書室剛通知了我，王發行人就來電話了，我們有了以下的對話：「李在敬嗎？」電話中是王發行人的聲音。我即刻回答說：「報告發行人，我是！」接著問「簽證下來了嗎？」我回答說「剛下來！」「什麼時候走呀？」我不瞭解發行人為何有此一問，隨口回答說：「就這兩三天吧！」發行人有些生氣的呵責說：「荒唐！什麼兩三天，明天就走，聯合報系是績效經營，軍事管理，聽到了沒有！」我連忙回答說：「報告發行人，我明天就走！」電話打完了，我放下話筒，發現我滿頭冒冷汗。

於是我上樓向發行人辭行，看看還有什麼指示，惕老拍拍我的肩膀說：「在黨報做久了，有些地方要改正，要改的積極有幹勁！」我連連稱「是…」隨即告退。

第二天我記得是聖誕節，我與夏訓夷先赴香港轉法航飛往巴黎。

到了巴黎我們在效蘭發行人的安排下，住進了一家旅館，在旅館渡過來巴黎的第一夜。整個巴黎仍沈在聖誕節的歡樂氣氛中。

第二天一早唐達聰副社長來找訓夷兄談話，他們到咖啡廳叫了兩杯咖啡，分坐桌子兩邊談話。訓夷兄把裝錢及證件的手包放在桌上，他們談完話，唐先生有事剛走，這時有一位法國人過來搭訕，意思想叫訓夷到門口去看什麼。他不知是詐騙，動身走到門口，那法國人就走開了，當他回到位時，包包不翼而飛，顯然是那法國人用了調虎離山之計，將錢包偷走，裡面有現款，旅行支票以及護照等。訓夷兄受騙後沮喪的回房來，我也不知說什麼好，安慰也沒什麼效，只有報告效蘭發行人，做一些補救措施。

新月詩人徐志摩對巴黎的印象至好，讚美有加，他曾寫到：「咳！巴黎！到過巴黎的一定不會再希罕天堂，嘗過巴黎的，老實說連地獄都不想去了。整個巴黎就一床鴨絨墊褥，襯得你通體舒泰，硬骨都給兄薰酥了……」。

徐大詩人寫的太好了，以前我同意他的看法，離開巴黎想念巴黎。但在八十年代，我這次來巴黎，看到市面較為蕭條，主要的街道都顯得有點陰暗，法國人浪漫天生，決不偷雞摸狗，但訓夷先生在青天白日之下，朗朗乾坤之中，竟公然被詐，失去財物，我對巴黎的印象完全變了，有些失望。

到了歐洲日報社，那是一座有庭院，法國傳統型式的建築，是效蘭發行人購置下來的。報社在她的策劃下完成了編採經理兩部的人事初步安排，社長是一位越南裔的法國人，名字叫尼古拉，個子不高，黑頭髮黃皮膚，是標準的東方人形像。但他不會說中國話，在效蘭發行人的禮遇信任下，他大權在握，是報社擎天柱一根。本來唐達聰先生是副社長，來巴黎不久，就調到洛杉磯世界日報，同太太赴美就任去了，我們以前以他馬首是瞻，他走了馬首成了尼古拉。

聯合報在美國辦世界日報，非常成功，那是因為僑社來台灣的僑民很多，且多是知識份子，很關心國事。看報已成習慣。在巴黎辦報則比較困難，因為僑民最多的，就是來自中南半島的越柬籍華僑，他們也許會說中國話，但不見得認識中國字。其次是來自揚州與溫州的老華僑，他們識字不多，且忙於生意。再一部份來自港澳，他們對台灣沒有切身關係，一般來自台灣的僅占少數。影響發展最大的還有別的報紙競爭，左派報紙有歐洲時報，大陸來的華僑看。胡仙的星島日報由港澳來的看，歐洲日報則由台灣來的看，人數就很有限了，這可說是先天不足。

報紙的發行除法國外，西歐大城市也為大目標，對這些訂戶全靠郵寄，法國各行業罷工頻頻，一罷工報紙就困在巴黎出不去，因此爭取西歐城市中的訂戶也很不容易。

歐洲日報主要在台灣編報，巴黎及西歐地區新聞，由巴黎採訪編譯組，定時傳真台北，由在台北的編輯部編好，組成版，再傳送到巴黎，巴黎接收到後，再製成版送印刷廠印刷，環環相扣，一切要配合的很好。人有時會生病，機器有時也會產生意想不到的問題，傳不到或傳的模糊不清，是常有的事，也只有不管印刷品質而出報要緊，因此每天提心吊膽，神經緊繃，因此可說後天也是失調的呀！

我第二次來法，感到一切都不對勁，從前工作的單位，成了大機關，除了龔政定代表之外，已沒有認識的人，去一次就夠了，不想再去。現在留法的學生都很年輕，有父母供給生活費用，不用再打什麼工，大都忙著社交活動。熟識的人很少了，留在巴黎的都顯得蒼老沈默了些。中國人在巴黎變多了，多數是來自中南半島的華僑，我感覺巴黎離我很遠，我有些孤獨之感。

感謝陶宗玉夫人的大姐戴夫人，她是一家中國餐館的主人，熱愛京戲，組有票房，邀我去湊湊熱鬧，在那裡認識了大導演李翰祥，他為了拍火燒圓明園，來巴黎國家圖書館找資料，在巴黎認識他的人不多，他說難得有如此清閑。我常在孫大姐店中碰到他，總會聊上幾句，對在台灣國聯公司的事，及後來為何去北京拍電影，從來未提及，我也不敢去問。

第二次來巴黎，仍然以留學生身份入境，辦長期居留根本不可能，同時報社發行與廣告都面臨重重困難，很難有所突破，我是個責任心很重，很愛面子的人，因此寢食難安，精神不振。經過與效蘭發行人長談，獲得她的諒解，我又下旗回國了。回到台北之後，又回到中央日報任副總經理，重作馮婦。這次在歐洲日報的任職，前後約一年半，感謝效蘭發行人，她教導了我很多，我受益匪淺。

我重回中央日報後，因對國際版的增為兩大張，在副社長黃天才的領導下，我提出了華航托運的專案，經過大力推動，獲得很大的成功，解決一個困擾多時的大問題。當時文工會主任宋楚瑜先生對黃副社長領我向他報告本案時，留有很好的印象。這時中華日報總經理出缺，文工會就派我去擔任，我真有些受寵若驚，自當全力以赴。

我接任中華日報總經理時，是在七十五年的九月間。當時社會風氣還很簡樸，我也不會擺出什麼排場。沒有中央日報同仁護送上任，也沒動用親朋好友送花籃。一個人到了中華日報向詹社長報到，經過佈達，我就正式上任了。

到一個新環境，雖然有文工會宋楚瑜親點的後台，有社長詹天性、副社長王士祥及一級主管的大力支持，但經理部仍有部份前總經理人馬，在暗中不合作，後經溫和相對，無私的領導。也就沒有什麼阻力了。

中華日報分南北兩社，北社設在松江路，南社設在台南市。本來北社為總社，南部為分社，後來南社賺錢，北社在報業競爭下，正統不如中央日報，言論開放又不如民營報紙，因此每月都有虧損，幸而有南社的貼補，因此南社地位大大提昇了。詹天性先生接任南社社長後，經營得法，業務蒸蒸日上。詹社長中興大學法商學院法律系畢業，畢業後先在救國團工作，後調國民黨組工會，曾任屏東縣黨部主委，後調文工會任專任委員。他本與新聞沒有什麼關聯，但在文工會宋主任鼓勵下接長中華日報南社，表現極為優異。文工會為使他發揮長材，平衡南北，讓他一身任南北兩社社長，我能在他手下任總經理，實在三生有幸。在我就任總經理職務後，我們共同努力下，報社發動愛報運動，每人投入爭取報份，又整頓船期版，並與廣告公司加強聯繫，因此報份大增，廣告亦有起色，每月的虧損月月縮小。有這樣成果，我也幹的很有勁，前途顯然一片大好。但上級單位認為報業競爭太激烈，公營報紙經營日艱，北社不如早日收攤，於是北社關閉的命運正掌握在現實及上級的考量上。

在詹社長南北兩社一肩擔，幹的很起勁之時，文工會七十六年二月調趙廷俊為北社社長，詹社長專任南社。趙廷俊為中央日報副社長，我的老長官。現在調長北社，實不知上級的用意在何？趙社長有報紙經營的豐富經驗，文章又寫的極好，振興中華日報北版，不失為最佳人選。我先來了一步，迎接老長官，今後共同努力，心中無限高興。

趙社長接任社長不到一年，就接到南北社合併的命令，也就是北社關門大吉。趙社長成了終結者，要負責善後，這真是不太好承擔的任務。上級的指示的處裡原則，是北社員工願到南社者，十分歡迎，不願者按勞基法辦理資遣，加發慰問金以資優惠。員工們聞訊曾一度抗拒，但發生不了什麼效果，最後報紙停刊，員工不得不接受資遣辦法。而各奔前程，另謀生路了。

趙社長本可以在中華日報辦理退休，但他隨中央日報自南京搬遷來台，為中央日報貢獻一生，拿中央日報退休金他認為心安理得。拿中華日報退休金實在有愧。因此在中華日報北版辦完員工資遣工作後，我們又一同回到中央日報，七十六年十月十六日趙社長任中央日報設計發展委員會主任委員，我則接任經理部總經理。

輯二

落花無言

十、甜蜜家庭變了調

一個人對工作事業努力，對家庭就疏於照顧，我就是一個好例子，幸虧祖娟的能幹與體諒，家中的事全由她操勞。

祖娟在聯合報系的世界日報台灣辦事處服務，從創刊起就沒換過工作單位，並由辦事員升到專員，最後升到編政組長。辦事處負責供應美國世界日報紐約總社、舊金山、洛杉磯、溫哥華、多倫多等分社的大部份版面，以節省美國各分社的人力。每天督促工友小妹、拿稿、送排、送大小樣及製版、傳版，手下人員多至十餘人，她指揮若定，很少出差錯，大家都說陳小姐很能幹，總社社長馬克任先生及夫人，每次回國返社，都對祖娟有所餽贈，有時也會為我家的貴客，很喜歡祖娟包的水餃，並允為上品。

我子亦杜從小就很乖巧，活潑好動，到巴黎時已經兩歲多，帶他出去，乘坐地鐵，他會主動和外國人握手，笑瞇瞇的一點也不怕生，朋友到家中來，他會很快的和朋友混熟，朋友們都說，亦杜將來長大，適合做外交官。

自巴黎回國後，住在岳父家，很得外公外婆及舅舅阿姨的崇愛，許多人逗他，問他叫什麼名字？他會說叫李亦杜！並解釋說「李白與杜甫」，說的快並發音不清，就說成「白豆腐」，大家在一陣大笑中，再逗他說：「是白豆腐噢！」他有些急了，會說「不是！不是！是大色人啦！」他把詩人說成色人，大家又是一陣大笑，他成了大家的開心果。我很喜歡古詩，對李白詩仙、杜甫詩聖兩人的詩，大部份都可背誦、朗朗上口。由於對兩大詩人的敬愛，在替兒子取名字時，就取了李亦杜，很多人都說名字取得很好。

亦杜讀書都是讀的私立名校，小學及初中讀的是復興中小學，在台北市頂好市場附近。高中讀的是光仁中學，在台北縣板橋市。大學沒考好，考上了文化大學新聞系，服兵役時在陸軍忠誠報工作，打字打的很快，會編也會寫。退役後到澳洲雪梨一家僑報做了一陣子，因居留問題，又轉赴加拿大留學，返國後進入中央日報擔任記者，主跑立法院新聞。

我很不願意兒子也走新聞這條路，最後還是走了，這可能是環境所造成的，因為我與內人都在報社工作，兒子又加入，稱得上是新聞之家。

後來亦杜調到中國國民黨中央黨部文傳會工作，不久離職追隨立委蔡正元，為民服務，亦有很好的表現。

小女亦莊民國六十六年八月十四日出生，聰明活潑，深得我夫婦之喜愛，很小就讀幼稚園，因為我們夫婦上班，無人照顧之故。中小學均讀私立復興中小學，高中讀的崇光女中，高中畢業後到加拿大念大學，獲得電腦資訊與企業管理雙學位，回國後在外商公司工作，英文好做事認真負責，很得公司信任，差可告慰。後與在華航任駕駛機師的賴信甫相戀，結為夫婦，生活美滿。目前有子賴捷帆一人，現年四歲，活潑可愛。

本單元的題目是「甜蜜家庭變了調」，以上所寫我們夫婦各有不錯的職業，均有小小的成就，有子有女均活潑可愛，均正常成長，且求學順利。這照理說是一甜蜜家庭，但如何會變了調呢？我下面做詳細的敘述：

內人祖娟給人的印象，是精明幹練，秀外慧中，頭腦靈活，快手快腳，尤其在牌桌上，計番算台有計算機之稱。但內人在五十七歲時，記憶力有些大不如前，有時丟三忘四的，她常把「老人癡呆了！」掛在嘴上，用以自嘲，後來更發現對數字的計算，失去精確，打起麻將，計算機的外號失靈了，有時會出差錯，「哈哈！老人癡呆！老人癡呆！」在生活中傳來這種笑叫聲，不用說就知道她忘了什麼！或是打麻將時打錯了牌，計算錯了台數或錢數。

祖娟五十七歲那年秋天，同好友數人組團到西歐旅遊，在法國巴黎上船遊塞納河時，同團人先後上船，祖娟殿後，一位帶著獅頭面具的小丑，同祖娟開玩笑，攔腰抱住不放，祖娟越掙扎，小丑抱的越緊，經過一陣掙脫尖叫，小丑哈哈大笑，這種玩笑對東方婦女來說，實有些過份。一陣驚嚇過後，神色大變，祖娟自此有些稍微失常，同行的好友林碧珠說，在以後的行程中，祖娟依賴性很重，有時有恍然若失的感覺。

旅遊結束，回到國內，祖娟細述被小丑驚嚇的經過，並把「嚇到了」掛在嘴上。好友林碧珠帶她到行天宮上香並請人驅驚，似乎沒有什麼效果。

那年春節，我們到內兄家拜年，飯後大家打麻將，祖娟素稱高手，排在高手那一桌，誰知她常出錯牌，並且放砲連連，輸得連親友都不好意思胡她的牌，昔日的光芒盡失。大家都懷疑，是否在故弄玄虛？何以失常至此！這時我確信祖娟病了，不知病在那裡，病名為何？

我陪祖娟去馬偕醫院診治檢查，醫生認為就症狀而言，可能是腦中長瘤，但照X光片，什麼都沒有，醫生非常困惑。

朋友介紹我們到榮總，請神經內科劉主任診治，經過詢問，初判是初期阿茲海默症，也就是老人癡呆症，不過要經過詳細檢查，並進行測驗才可確定。經過一連串的檢查，諸如腦部檢測、核磁共振等，同時並連絡其他醫師複診，做各種問卷及測驗，最後判定確是患了阿茲海默症。

當醫師告訴我診斷結果，我有些懷疑，或許是不願相信。

我滿臉懷疑的問：「祖娟才五十八歲，怎麼會得老人癡呆症呢？她不老啊！」

醫師笑著回答說：「這種病連三、四十歲都有，現在越來越年輕化了，它絕不是老人的專利！」

「為何會得這種病呢？總得有個原因吧！」我急切的問，因為阿茲海默症，對我來說，是一個陌生的名詞。

醫師很忙，但她還是很有耐心的回答說：「原因很多！任何病都有原因，只是這種病的原因還沒有找出來，現在全世界的科學家都集中精力在找尋病因，找出病因來的醫生，他一定是諾貝爾醫學獎金的得主。」

「有沒有什麼特效藥可治呢？」這是我最關心的問題，面帶期待的神情追問。

「沒有什麼特效藥可治！到目前為止，是如此的，以後不敢說，現在所有的藥僅在穩定病情，調理情緒，使變化緩慢，不可能把病治好，美國總統雷根就是得了這種病，如果有特效藥，他不是早好了！」

她解釋之後，又很感慨的接著說：「貴為美國總統，曾經叱吒風雲，獨領風騷，但是這種病還是找上了他，生病是不分貴賤的，這點是上帝對人類的最大公平！」

醫師說法很富哲理，這點我很欣賞。

我聽了，忍不住說：「這不是絕症嗎！」

她以嚴肅的態度，回答這個問題說：「絕症！太武斷了，目前可以說是，將來是不是，我不敢說，現在得這種病的越來越多，光美國就有四百多萬人，醫學界現正傾全力研究這種病症，病因找出來，特效藥就沒問題了！」

「什麼時可以研究出來呢？」我有些打破砂鍋紋「問」到底。

「這不是我能回答的問題，也是從事醫學研究的專家，也不敢回答的問題，因醫學從研究到實驗、到臨床，需經過很多繁複的過程，不像我們說話這麼容易，不過人定勝天，只是時間的問題！我們要有信心！」

醫師雖對我的追問，問的有些不夠專業，但她仍然心平氣和的回答，她是個好醫師。

「這種病的患者，壽命有多久呢？」

我沉默了一會，提出了最關心的問題，我感覺祖娟已成了生命的重犯，想聽一下醫師像法官一樣的判決。

「人活多久是看天意，天意是難違的，這種病是慢性病，是一天一天的變壞，一般人可活八、九年，照顧的好，生命力強，活個十二、十三年也說不定。這種病不但是考驗病人，也考驗家屬的愛心與耐心，久病無孝子嘛！」醫師很有耐心的回答，她知道家屬的心情，也想不出安慰的話。

我和醫師這番簡短的對話，使我對阿茲海默症，有了淺顯的瞭解，這病要拖這麼久，真是難熬啊！我這麼想，我應該慶幸是祖娟得了這種病，我可以悉心照顧她，假如我得了，這對祖娟是多大的折磨！病人的照料，一家生計的負擔，將長期生活在失落、無望、痛苦與哀傷之中。

記得在八十八年之秋，那年祖娟五十八歲，她工作的單位換了新的主管，想有新的作為，對組長工作有較多要求，以貫徹分層負責。祖娟記憶力減退，能力大不如前，對工作有些力不從心，並且疑心加重，也有些自卑。

有一天她打電話給我，泣不成聲，說工作做不下去了，很痛苦，想退休，我瞭解她的情況與心情，就好言安慰她，支持她的決定，因為已知有病，還要硬拖下去，對祖娟對報社都不好，做人處世不可自私自利。

祖娟在報社已工作了二十一年，根據勞基法與員工契約，可以申請退休。提出簽呈之後，獲得核准，領了一筆退休金，自此不但不須要工作賺錢，連家庭管理的工作，也無法再做下去，成為一個專職病人，這是在以前連做夢都想不到的事，在目前則是一個殘酷無情的事實。

祖娟退休在家，兒女都去了加拿大，家中僅有我與她，最初還可以洗衣煮飯，與朋友約會，安排她學些插花舞蹈什麼的，以調劑一下單調的生活。同事們也常相約出遊，她起初配合的很好，以後漸漸的不但拒絕學習，連電視連續劇、綜藝節目也不想看了。曾陪她去學法輪功、元極舞，動作都無法跟上節拍，連為在加拿大的女兒寫信，也只能三言兩語，依我判斷，她的病情已進入第二期段了。每個月到榮總診視，並作各種圖片的辨識測驗，都不及格，甚至低分，證實了我的判斷是正確的。

記得有一天陪我去報社，共進午餐之後，我有會要開，叫她先行回家休息。送她去坐二五七路的公車，到永春加油站下車，這是她很熟悉的路線，問她可以嗎？她說沒問題！我也認為不會有什麼問題，不會出什麼差錯，也就任她去坐了。

我開完會，有些不放心，打電話回家，家中無人接聽，這下問題大了，趕快叫計程車趕回家，家中空無一人，不見祖娟影子，到處去找，附近的大街小巷都找遍了，連二五七路公車的沿途站以及終點站都找了，都不見她的蹤影。連忙到派出所查問，也說未有人報案送人，叫我留下筆錄，答應代為尋找。

我在百般焦急及無奈之下，回到家中再想其他辦法，當時汗流浹背，口乾舌燥，腦子一片空白，不知如何是好。當我正連絡警廣，請其廣播尋人時，祖娟竟然回來了，當天下著小雨，外套都淋濕了，看起來很狼狽，我激動的抱住她，好像久別重逢，又有點身遭大難，死裡逃生的感覺。

問她原委，她說車到加油站，她一失神沒叫下車，車就過站開了下去，過了兩站下車，已找不到回家的路了，一直試著走，轉來轉去，走了三、四個鐘頭，才找回了家。

聽了祖娟不太完整的解說，怪我粗心大意，意識到今後不可再讓她單獨行動了，這次算是幸運之神眷顧，不然會產生什麼結果，不敢去想像。

有了這次教訓，知道不能再放她一人在家，如果在家忘了關瓦斯爐，出門忘了帶鑰匙，遊走回不了家，問題都會很大，有人陪伴照顧，是極其必要，而且是要即刻解決的問題。

我諮商信義區老人日託中心，希望比照老人收留她，幸獲應允。自此我每天上班前送她去中心，下班後再把她接回家，該中心有看護工四、五人，主事的陳組長，和藹可親對祖娟非常照顧，每天一去先吃早點，然後唱歌、畫圖、做運動，或其他團體活動等。中午吃飯後午睡，下午也有課程或活動安排。祖娟每天都高高興興的去，下午等著我接她回家，她會像小孩一樣，講在中心發生的事，那些老人有那些表現，我從無晚接她的情況，下班就趕著回家，一切的應酬都拒絕了。

在信義老人日照中心，有學習、有娛樂、有照顧，是她的最好庇護所，也使我少了後顧之憂，安心的在上班工作，這種安排僅維持了一年半，情況就發生了變化。

祖娟的病情，雖然每天吃藥三次，從未中斷，但不是特效藥，效果僅能延緩病情，無法阻止惡化。病情有變化，情緒起伏就很大，有時在中心會出點小狀況，狀況出多了，就對環境不滿意，表現出排斥、逃避的心態與作為。

每天早上起床後，帶她去散步，都是高高興興的。早餐後要送她去中心時，有時很憂慮，一臉不甘心情願的樣子，有時則很生氣，會斷然拒絕，我總是好話說盡，拉拉扯扯的才跟著我上路。

到了中心大門，緊緊的拉住我的手不放，惟恐我棄她而去。小心的陪她到了日照室，陪著她坐一會，安定她的情緒，當我偷偷的離去時，她會不顧一切的追上來，誰也攔不住，抓住我不放，並且大哭大叫，一些不明真相的人，都投以懷疑的眼光，認為我倆一定是發生了不可告人的緋聞，我是折白黨？是負心漢？被受害的女性，糾纏不放，無法脫身。我深感尷尬！滿臉無奈！經過中心人員解釋，有些阿巴桑會不由自主的說：「可憐的雜毛郎，有一個好尪（好丈夫）！」我聽了才感到溫暖在心，臉上擠出了一絲絲的笑容。

有時在報社正在忙於工作，電話鈴響了，一接電話聽是陳組長打來的，她說：「李先生，真對不起！陳姐在這裡哭鬧不休，沒法安撫，請你快來處理一下！」我聽了電話，馬上趕去安撫，她一見到我，馬上拉住我不放，展現出小女人的嬌柔與對丈夫的依賴，使我感覺有些肉麻，滿臉無奈的向中心人員連說：「費心了，真對不起！」就這樣一齣鬧劇，喜劇收場，我們夫婦成了男女主角，演技自然、生動、沒有一點虛假、賣弄。

這樣下去，實在不是辦法，中心的看護女士，都感到吃不消，我才決定雇用外勞，請人專責照顧她，這對我對祖娟，對中心的人都會有莫大好處。

申請外勞照顧，以祖娟情況是不會有什麼問題的，問題是否找到好的外勞，為我分憂解勞，盡責照顧，在心中存著一個大的問號，不過無論如何，這是一定要走的一步棋。

在申請外勞期間，祖娟又有一次走失，事情是這樣的：

某個星期天，我帶祖娟到四獸山作休閒活動，我走在前面，她緊跟在後面，這是慣常的模式，很少出差錯。那天我們走到奉天宮右方五十公尺的市場，口渴買甘蔗汁來喝，祖娟喝了，我拿千元大鈔讓業者來找錢，同時又碰到熟人，打了一聲招呼，在找錢打招呼完畢，一扭頭，祖娟不見了。我回頭去找，找不到，再向前追，人多岔路多，也沒有結果，來來去去找了許多趟，流盡了汗，跑酸了腿，急瘋了心，都沒結果。這時小兒已自加拿大回國，打電話叫他開車幫忙找人，開著車大街小巷的找，也不見她的蹤影，問附近的派出所，也一無所知。請他向其他派出所詢問，都說無有走失人送來，兒子焦急，有些怪我粗心，我無心辯解，叫他繼續開車去找。當開車到玉成公園附近，在公園門口發現祖娟在哭，一旁有婦人及小孩圍著她，好像一籌莫展，問不出什麼結果的樣子。我們下車，將祖娟抱住安慰她，向好心婦人道謝，急忙扶著她上車回家。她竟然由奉天宮走到玉成公園，真不知是怎麼走的，實在很可怕，很不可思議，能及時找到她，又是一次大幸運。

由於這次大教訓，我們為她打造手環，寫明地址電話，但她不肯帶，唯一的辦法就是牽著她的手，時時盯住她，不讓她在目光範圍內消失，這一責任，將來就由外勞來擔負，將是她最重要不可疏忽的任務。

十一、對阿茲海默症的認識

祖娟在確定患了阿茲海默症之後，我與親人檢討祖娟罹病的可能原因，據岳父母說姐娟年幼時曾從樓梯上跌下來，當時雖摔得不輕，但未頭破血流，家人安慰了一下，並未送醫檢查。因為那時軍人待遇菲薄，一家兄弟姐妹五人，食指浩繁，對孩子沒有像現在一樣寶貝，送醫檢查費用有些難以負荷。祖娟婚後，時常有頭痛的毛病，不知是否與這次從樓上摔下來，傷了腦部有所關係。

另外，祖娟婚後輸卵管長瘤，動了大手術後，接著發生腸阻塞的病症，一月之間開了兩次刀，兩次全身麻醉，是否麻醉傷了免疫體，也是值得懷疑之點。懷疑歸懷疑，無法取得醫學上的證明，也無法要求醫師去進步研究。我是一位新聞工作者，有追蹤求實的敏銳觀察力與判斷力。

在內人祖娟經診斷為阿茲海默症之後，我就集中精神閱讀有關的書籍，留心報刊有關的報導。先說該症命名的由來，據載是一名叫愛羅絲・阿茲海默的醫師，於一九〇六年，在為一位死於智力問題的女性病患者，作大腦解剖時，發現一些不尋常的組織病理變化，這種變化與以後失智病患的大腦變化是一樣的，為了紀念阿茲海默醫師發現了這樣的疾病，就以他的姓氏來命名。

當年阿氏所發現的腦部結構性變化，是一種叫做神經炎斑塊和神經纖維結的增多，這種斑塊和纖維結，在正常老年人的腦子裡也有，但數目則很少，這種增多情況可能是造成呆癡症的原因，但僅是懷疑，還沒有作正確的認定。

有些醫學專家，則認為阿茲海默症可能是腦細胞結構出了問題，腦是由億萬個神經細胞所組成，它們執行思考、記憶、情感，指揮身體動作。他們發現阿茲海默症的患者，在腦部的某部分，失去了較多的這些細胞，失去細胞的範圍會慢慢擴大，就造成了患者病情的變化。不使失去細胞的範圍擴大，或使細胞不失再生，則是研究治療的重點所在。

又有一些醫學家，在阿茲海默症患者的腦部，發現一種蛋白質作不正常沉澱，並出現異常現象。一般說來，組成人體的細胞，及細胞中的元素，都是由蛋白質構成的，人們吃下食物，被分解成氨基酸，然後再變成身體所需的蛋白質，這些蛋白質如無法正常分解，隨血液循環在腦部增加沉澱，形成蛋白質斑，就影響腦部的功能，而造成阿茲海默症，如何使蛋白質正常化，不在腦部沉澱累積，形成斑點，則是醫生們努力的方向。

同樣的一些醫學家們，他們發現一種稱作AMYLOIDBETA的澱粉樣蛋白質，以一種無害的形式存在於人體，但是，由於未知原因，它會發生變化，並形成毒性纖維而堵塞腦細胞，造成阿茲海默症。關鍵的問題，是它直接導致腦細胞死亡，還是因其他什麼物質殺死細胞後引起堵塞，還要進一步加以研究。

也有一些醫學家認為阿茲海默症患者，是免疫系統出了問題，免疫系統是身體對抗感染的武器，根據研究，有些用來抵抗感染的蛋白質，在阿茲海默症患者身上，低得很不正常，他的免疫系統可能被某種因素破壞了。

其他還有一些來自金屬及病毒的說法，有些阿症患者，在腦中發現有超過量的鋁，或其他錳等金屬，因此鋁錳與阿症也有極大的關聯。至於病毒當然可能性也很大，不過是什麼病毒造成阿茲海默症，還未為醫學家們找到，仍在懷疑階段。

前幾年美國費城、底特律及巴爾的摩的一群生物學家，認為老年癡呆症，與細菌感染有關，他們檢查十九名老年癡呆症的患者，發現其中十七名腦部出現細菌衣原体（CHLAMYDIA），這種細菌衣原体也常引起普通呼吸道疾病，也是醫學界對老年癡呆症研究，提起最多次，研究最多的細菌。

對造成阿茲海默症的原因，可以說百家爭鳴，都有理論及實際證明，但都在懷疑求證，進一步研究的階段，還沒出現石破天驚、鐵證如山的論據，因此揭開阿茲海默症長久之謎，研究出特效藥，還要等待一段時間。

由於阿茲海默症的病因，沒有定論，當然也不可能有特效藥問世，不過大家不必悲觀，美國有四百多萬人患有此病，並有大幅增加的趨勢，研究出原因，製出特效藥，造福廣大患者及家屬，是醫學家們所努力追求的目標，鍥而不捨、人定勝天，相信在數年內必有成果，這是我的一點心得。

我在美國的朋友蕭曦清先生，曾來信告訴我，美國「自然界」雜誌，刊登了兩份研究報告，解開了澱粉樣蛋白質的許多奧秘，對研究老年癡呆症取得重大進展，其中一項研究，是由波士頓兒童醫院研究人員進行的，他們將少量毒性澱粉樣蛋白質，注入一隻老獮猴的大腦，結果顯示，這種蛋白質攻擊了腦細胞將腦細胞殺死。

第二項是紐約大學醫療中心的研究人員，研究出了一種防止澱粉樣蛋白質轉為殺手的辦法。他們研製出一種模擬澱粉樣蛋白質的製劑，以老鼠做實驗，這種製劑能防止澱粉樣蛋白質，轉成為鼠腦中的殺手，它還能溶解已形成的毒性纖維。這的確是令人興奮的研究成果，為癡呆性患者的治療，提供了很好的途徑。

我不是醫學人士，對醫學一竅不通，但是在陪伴內人的經驗中，澱粉樣蛋白質，固然是重要的研究實驗，可以令人信服，免疫系統出了問題，也值得研究。內人年輕時在一個月內，做了兩次全身麻醉，動了兩次大手術，是否麻醉藥損傷了她的免疫系統，造成對澱粉樣蛋白質的抵抗性減低，因為內人在一次拔牙中，使用麻醉劑，拔牙之後，病情有極顯著的惡化，這一點希望國內的醫學專家們，可以加以研究。

根據醫學研究，老年癡呆症的臨床表現，大致可分為三個時段：第一期段大約是一至三年，這一期段患者出現的可能症狀有：一、記憶力減退；二、語言表達能力變差；三、對事難下決定，並失去主動力；四、出現不安、膽小、對日常生活及愛好出現興趣缺缺，連電視都不想看。

第二期段為病發後的二至十年，可能症狀有：一、有時忘記回家的路；二、無法長時間單獨生活，變的非常依賴；三、日常生活、衛生問題不能自理，仰賴他人；四、說話越來越困難，行為越來越異常；五、出現妄想、生氣、坐立不安的現象。

第三期段大約為病發後的八至十二年，可能的症狀有：一、無法自我進食；二、無法辨認家人；三、失去語言能力，只會傻笑；四、大小便失禁；不能行動要坐輪椅。

至於末期，所顯現的是不能行動、長臥病床、不能嚼食下嚥、只能插管，也就如同植物人了，在這種情況下，精神上沒有意志力，身體上沒有抵抗力，很容易產生肺炎及其他併發症，整個人生也就走到盡頭。

另外美國紐約大學醫學院瑞芝柏醫師，則把阿茲海默症的嚴重度分為七大時期，第一期是正常的。第二期稍顯不正常。第三期相同於青春期後段的青少年。第四期就像八歲到青春期。第五期猶似五到七歲的小孩子。第六期如同二到五歲的小孩子，最嚴重的第七期，已相當於嬰兒，有時會大叫大喊，完全需人照顧。這種分期是從患者行為上來講，也就是說他們的行為是越來越幼稚，即一般的「老小！老小！」之謂。

由於廣閱有關阿茲海默症的書，及留心報章雜誌的有關報導，及我對阿茲海默症，有了粗淺的瞭解。我自責過去的疏忽，沒有將祖娟及早就醫，早期服藥，使她的病能在早期就受到壓制，雖不能除根痊癒，但至少可以減緩變化的速度。但在生活忙碌的社會中，人的情緒本來受環境影響，會起起伏伏的，有誰會向阿茲海默症上去涉想呢？

記得我在任中央日報國際版任業務經理時，屬下有一位朱昭慈小姐，淡江大學畢業，年輕貌美，溫柔婉約，同事都很喜歡她，有一天她竟如中了邪，失去記憶，連回家都不可能，送到醫院檢查治療，確定腦中長瘤，瘤長大壓住了神經，因而失去記憶。醫師開刀將瘤割除，經化驗為惡性，過了一年，瘤又長出，醫治無效，就香消玉殞了。她在大學時就有頭痛毛病，沒有注意，及時治療，才有此結局，一般人對醫學常識的不夠，可見一斑。

還有一位安邦同事，他接任中央日報總經理之職後，工作忙碌，應酬又多，他原有高血壓的毛病，而且是遺傳性的，他的父親因疏於服藥，英年死在馬桶上。他未能將父親的猝死，視為殷鑑，自持年輕體壯，疏於服藥，又忙於應酬，不忌煙酒。一天中午到廁所上大號，不料因腦充血而死在馬桶上，步上他父親的後塵。被發現時已臉色發紫，去世多時，留下年輕的妻子及年幼的子女，同仁無不為他惋惜。假若他不輕忽自己的疾病，不幸的事可能不會發生，病是輕忽不得的。

祖娟五十八歲罹患阿茲海默症，一般人都認為痴呆症是老年人的專利，五十八歲未免太年輕了些。其實失智有年輕化的現象，根據國際阿茲海默協會ＡＤＩ報告，台灣失智患者已逾十九萬人，六十五歲以下早發病者已達兩萬人之多。

由於失智症早發，社會上對失智症的了解不夠，發生了許多悲劇性事件，一位吳先生就是如此，吳先生患病三年，看了十三種病科，上千次門診，吃下數萬顆藥，還被詐騙上億元，令人同情心酸。

吳先生和太太劉慧芳打拼廿年，很有成就，四十五歲準備退休卻生病了。先是凌晨二、三點會獨坐客廳喃喃自語，說是和媽媽說話，但母親已過世。接著無法自已大小便，有天還用美工刀割傷手掌，連到大賣場都會拉屎在褲子上。最後還遇上詐騙集團，家中上億元積蓄化為烏有。

劉慧芳說，一開始就看醫師，但都找不出病因，三年後才知道是失智症。吳先生遭詐騙，本希望司法給個公道，但劉慧芳流淚說，檢察官不懂失智症，看先生「好好的」，堅持要獨自問訊，不讓人陪伴，他被法警硬生生架開，先生嚇得不斷發抖還尿在褲子上，刑事案最後不起訴，輸了官司，失去財產。精神科醫師以憂鬱症用藥，未以失智症去診斷，顯然誤診，更有因診斷不易之缺失。協會希望各科醫師都有相關知識，不會誤診，就能幫忙轉介。

若能早期發現，治療效果較佳，全台灣目前僅有台南市納入成人健檢項目。台南市衛生局長林聖哲說，失智症未來是很大的問題，去年試辦一年，篩檢三萬人，其中有一百多名疑似病例，最後廿名確診，都是早期個案。

衛福部醫事司長李偉強表示，失智是個漸進過程，早期很難診斷，將納入醫師更新執照再教育的必選學分；國民健康署也在研發台灣失智症的量表，半年內評估是否上路。

對認識阿茲海默症學了這麼多，得到的一個共同印象，就是醫學家仍在奮力研究，可謂百家爭鳴。但未有令人興奮的成果，可見對此病的研究，仍有許多困難要克服。

二〇一四年諾貝爾醫學獎由英美雙國籍歐基夫、及挪威籍的穆瑟夫婦獲得。歐基夫提出「位置細胞」理論，穆瑟則提出「網格細胞」理論，兩方發現腦內定位系統，解開了人類腦神經的神祕，使腦科學研究達到另一波高峰。

據聯合報載，陽明大學腦神經科學研究所副教授連正章表示，歐基夫發現位置細胞，幫助我們了解神經迴路對空間記憶的機制、大腦如何處理空間訊息；穆瑟夫婦在歐基夫的研究基礎上，發現的網格細胞同樣不需經過特別訓練，就可辨識正方形、圓形或不規則形的各種空間結構，增進人類對腦中定位系統及空間記憶的機轉。

台北榮總教研部整合性腦功能研究小組主持人、陽明大學腦科學研究所特聘教授謝仁俊表示，諾貝爾醫學獎得主提出的位置細胞及網格細胞，對人類空間導航建構的意義非凡。他強調，不只是職業選手或駕駛，一般人時時刻刻都需要空間導航，例如出門逛街，無論到目的地或返家，都得運用空間座標導航。失智症與阿茲海默症患者，就是因為海馬迴或神經細胞損傷，經常出門找不到回家的路，出現記憶衰退或迷路、失去方向感的症狀。

台北榮總精神部主治醫師蔡佳芬則表示，過去認為空間、記憶和情緒，由大腦不同區域分開負責，但諾貝爾醫學獎的研究卻推翻這樣的看法，其實大腦處理記憶和空間是相關的，了解空間定位的訊息傳遞，未來可透過腦部刺激，治療阿茲海默造成的空間記憶退化。

兩位諾貝爾得獎者的理論，雖經專家解釋，但一般人難以充分了解，但專家一致認為對阿茲海默症的治療有很大的幫助，是否如此，我們可拭目以待了！

十二、失智家屬苦事多

記得在內人病症確定，我極端沮喪不安時，醫生嚴肅的對我說：「李先生：夫人的病目前無良藥可治，照顧的好最最重要，千萬不要再亂求醫，用偏方，白花錢沒有用。求神問卜，更要避免，對夫人病情毫無助益。」我當時點頭稱是，謹記在心。

但是，以後我背著醫師，不但多次帶祖娟投診密醫，也多次求神問卜，染上了一般村夫俗子的老毛病。

我是一位資深新聞工作者，受過高等教育，出過洋喝過洋水，也擔任過有頭有臉的工作，為何會如此呢？這中間有好幾個因素：第一是醫妻心切，亂了方寸，認為說不定有效，如果不盡盡人事，多方設法，有些對不起內人及孩子。這種心理就像失業的窮人買樂透一樣，明明知道中獎機會是幾千萬分之一，槓龜的機率幾達百分之九十九點九，但是仍然去買，基於僥倖心理嘛！不中損失不大，如果幸運之神眷顧，中了頭獎，那又是何等美好的景況呢！同時亂投醫對自己及家人也有安慰作用，因為對有醫病能力的醫生都看了，該做的都做到了，人事已盡，天命未達，為之奈何！

第二是不負親朋的好意；在人情淡如水的今天，錦上添花者多，雪中送炭者少，內人生病，他們來舍慰問探視，已深為感動，連連稱謝不止。如果他們進一步介紹名醫，熱心安排，能置之不理嗎？如果對其好意未加重視，未付諸行動，不但有傷友誼，還會產生懷疑，滋生閒話。

所謂產生懷疑包括兩個層面，第一個層面是捨不得花錢，是不是因為沒有健保給付，自費用藥，藥費昂貴，而有所不捨呢？錢為身外之物，親人有病，怕花錢而不醫，那不是守財奴，視錢如命嘛！這種懷疑是很直接，也很合理的。第二個層面，是夫妻感情不好，感情好的話，遍訪名醫，散盡家財，也是應該的，一世夫妻百世恩嘛；至於感情不好，可能在外面感情偷渡，另有所屬吧！這種懷疑雖不道德，但在邏輯上是站得住腳的。

根據經驗，產生懷疑，就會滋生閒話，這種閒話傳來傳去，所得的結果可能是：妻子有病不醫，視錢如命，夫妻感情不佳，可能有外遇問題。

如負親朋的好意，會產生這樣的後果，你還敢不「從善如流」嗎？

第三是親人的壓力，祖娟得了這種病，她娘家的親人們，也都極端懷疑，得的是什麼病？得病的原因是什麼？應多方求醫診斷，不能光信一家之言，同時這病有點怪，應求醫問神一齊來，他們有時來家帶祖娟覓醫或求神問卜，我這做丈夫的能不陪著去嗎？甚至連表示意見的餘地都沒有，因為這樣做也在考驗我對祖娟的愛與忠誠，我不能沒有這點智慧。

在這三種原因的激盪下，做為病人的家屬，尤其是配偶，很難把醫生的話奉為圭臬，而不再去投醫或求神問卜的，我想很多病患家屬，都會遭遇到類似的困擾，承受不了這些無形的壓力，做了自己不願做的事。

祖娟求治中醫，尋求偏方，記不得有多少次了，都是親朋好友推薦的，正牌的中醫，知道病症後，會勸請到大醫院繼續診治，表現的很謙虛。一些江湖郎中，無照密醫，則免不了舌燦蓮花，說一些令人似懂非懂的話，講一些玄妙的醫理，但當我表明身份，表示一些醫學見解之後，雙方都探了一下底，往往在相互尊重下，結束了診療，所幸我行事謹慎，知所節制與進退，沒發生什麼醫療服藥的種種問題。

至於求神問卜，經歷更多，大的有到九華山，小的有私人神壇，都是熱心親友指領，所求之神明各有不同，驅邪作法的方式則大同小異。尤其一位女性親戚虔誠信佛，說她信佛不如說她信道，在台灣似乎佛道不分，她初一、十五吃齋唸佛，大節小慶膜拜燒香，篤信神力無邊，虔誠的有些走火入魔。她先帶祖娟及我，到板橋拜濟公，這是我在台灣第一次看到所謂的起乩，乩童穿上法衣，繞香膜拜，祈求神明臨壇，不久乩童全身發抖，舉起神凳亂舞，這時信徒肅然，代表神明已降身，接著乩童手持蒲扇，為信徒驅邪，並用黃標紙朱砂筆畫符，供信徒火化溶入開水服用，祖娟一切從俗，喝了不少符水，未見什麼效果，後因赴加拿大探女而中斷，親戚頗不諒解，認為誠心不夠。

我及祖娟由加返國後，這位親戚已在家中樓頂設立神壇，並請一位大師兄主持，力邀我及祖娟參加，每週星期五集會，往往晚間十一時方開始，至凌晨四、五時方散。進入神壇，由大師兄主持，先唸經拜佛，三拜九叩，接著由大師兄指導信徒起乩，他手蓋扶乩信徒之頭，唸唸有詞，然後大喝一聲，信徒猶如被催眠一般，手舞足蹈，搖搖晃晃，似乎神鬼附身，通起靈來。接著與大師兄通名報姓，一問一答，所問所答，令人感到不可思臆，舉例來說，有一位晚輩在通靈之後，說在另一世界看到祖娟與其亡弟祖安隔河相望默默無語，述說歷歷，荒誕不經。大師兄解釋說，人有三魂六魄，祖娟一魂在世，一魂在陰，另一魂在第三空間遊走，若使三魂合一，病可消除。大師兄也在扶乩通靈之後，為信徒治病解厄，祖娟是其中之一，大師兄會寫出似通不通的詩，來指示迷津。這種種現象，使其他信徒深信不疑，我則抱著懷疑的態度。因為扶乩通靈，只有少數人可以，我則不行，有串通、催眠，或達到其他目的之嫌。親戚對我的不以為然，認為我誠心不夠，表示失望，因為信念不同，漸漸疏遠是必然的結果。

平心而論，求神問卜應把它歸類為民俗療法，在我國民間流傳久遠，也有它的道理在，這種道理就是心理治療，借助神的力量可使患者從失望中然起希望之火，從意志薄弱中變為堅強，然後使身體產生更多抗體，一般較輕微或屬於心理障礙的疾病，可因而治好，美國也有心理醫師，也有所謂靈媒，心理醫師用的是科學方法，靈媒則係我國的民俗療法，道理是一樣的，方式不同而已。不過民俗療法建立在患者的深信上，越迷信越有效。祖娟中度失智，已無思考、信仰、憂患意識可言，勞而無功是必然的，親戚及大師兄未必有這種見識。

在滿清末年，義和團扶清滅洋，造成八國聯軍，義和團信眾則是裝神弄鬼，不但可以治病，還可刀槍不入，最後原形畢露，禍國殃民。但是，在三十年代的家鄉農村，仍有義和團的影子存在，在在說明社會的擺脫愚昧，爭取進步是緩慢的。

人類早在二十年前已登陸月球，電腦資訊的快速發展，也大大的改變了人類生活層面，台灣也隨著世界的潮流，科技的脈搏前進。但在邁入二十一世紀的今天，整個社會所顯現的，不是民智大開，清明進步，反而是迷信加深，信仰錯亂，廟宇，神壇到處都是，香火鼎盛，香客不斷，這種現象如果說是人心空虛無所託，不如說本土化的政治操弄使然，連民進黨大老，曾為高雄市長的謝長廷，都深信宋七力的分身。阿扁總統在競選時，曾逢廟必拜，還有什麼話可說呢？台灣病了，病的不輕，看樣子已無藥可治，這才是政治人物所說的「台灣人的悲哀」吧！

做為阿茲海默症患者的家屬，尤其是配偶，不但在治療過程中，發生一些意想不到的問題，也反映了一些社會現象。同時在漫長的照顧過程中，周遭的環境，一些奇異的目光，也帶來了一些沉重的精神壓力。

阿茲海默症的初、中期症狀，是記憶力減退，行為的反常，說話的語無倫次，情緒的無法控制，情況與所謂精神病患者、精神失常者極為相似，因為精神病患造成的原因，大都是家庭生活的失調，夫妻感情不睦，或有一方發生外遇的問題，造成另一方在長期的情緒壓抑下，最後崩潰而發病。祖娟生病正值盛年，一般人想不到癡呆症的問題，認為那是老人的專利，年紀不大罹患此病，一定是家庭出了問題，這種直覺的反應，當懷疑的目光直射在我的臉上時，使我感到受辱，感到憤怒，但懷疑是他的權利，除了解釋又能如何呢？解釋又豈能三言兩語就使懷疑者信服呢？同時對一些不相干的人，可以不加理會，相識的人，就不能任令誤會下去，雖自尊心有所受損，也只有默默承受了。

記得有一位不太相知的朋友，開玩笑的說：「李兄：尊夫人如此年紀，精神失常，是不是你們感情出了問題，你沒有搞外遇吧！哈哈！」雖是玩笑話，但問話很有代表性，有許多人不好如此直接而已，我雖諒解他，但不快是必然的。

「別胡說！」另一位朋友見我有些不快，為我解了圍，並且為我加以解釋。

又有一次，一位朋友帶我們到廟裡求神問卜，上香跪拜之後，請廟祝當面開示，這位中年廟祝，瞭解病情後，看了我們夫婦一眼，笑瞇瞇的問我：「你曾經有過外遇嗎？」

我不知如何回答，朋友急忙為我解了圍，但她對我一笑，這笑顯然很曖昧，她可能也有些懷疑吧！

祖娟得這種病，她固然飽受病魔折磨，我所遭受諸如此類的精神折磨，真是有過之無不及，這是患者家屬不能忍受，而必需忍受的。

阿茲海默症是癡呆症的一種，其他還有帕金生症等，事實上阿茲海默症的患者，雖同稱阿茲海默症，但所產生的病情反應在行為上，則大有不同，有人懷疑、猜忌、有人亂藏丟棄衣物，甚至偷竊。有人不停遊走或吵鬧不休等。內人屬於安靜型，不吵不鬧，乃不幸中之大幸。

我同事胡小姐，她的父親為一退伍軍官，七十多歲時，罹患阿茲海默症，胡小姐的母親是一大美人，人到中年還細皮嫩肉，面貌嬌好，身材胖瘦合宜，風姿仍然綽約，可以想像她年輕時，是如何的美麗出眾。胡老伯生病後，對這位結縭四十多年，兒女成群的老伴，產生懷疑與猜忌，說她另有新歡，不守婦道，並且公開嚷嚷，大呼小叫，使胡伯母感到非常難堪，有些啼笑皆非。

更可笑的是懷疑自己的子女要暗算他，吵鬧著要到派出所報案，不去不行，吵的雞犬不寧，在無奈之下陪他去了，警察為他作筆錄，當供出主謀是他子女時，警察先生啞言失笑，連哄帶騙的結束了報案鬧劇。

胡老伯在家吵鬧不休，家人照顧疲憊不堪，不得已將他送到安養院，安養院也拿他沒辦法，好幾家成了拒絕往來戶，最後在加價的情況下，才獲收留，安養院加派人手照顧，總算安撫下來。

在他因為肺炎去世後，家人雖然難過，但也有如釋重負之感，多年來所受的折磨，是其家人最沉痛的記憶。

一位李老先生罹患阿茲海默症，非常惜物，到處亂撿丟棄物、破衣、破傘、破鞋都往家中堆積，房間弄的雜亂無章，臭氣沖天，家人拿他沒辦法，趁他不在時將堆積物清除，他大發脾氣，甚至拒絕用餐。他兒子及媳婦都是有社會地位的人，他有時埋頭在垃圾堆中找東西，一如拾荒老人，不但兒子兒媳婦感到沒面子，連孫子都不願承認是他爺爺。最後只有送他到安養院，雖有些不忍，但也無可奈何。

一位王先生年輕時是田徑好手，風度翩翩，並且是妻子眼中的好丈夫，女兒眼中的好父親，但自生病之後全變了，性情暴躁，會罵人甚至打人，成了家中最麻煩的人物。後來大小便失禁，全靠王太太照顧，幾年下來王太太頭痛、失眠、脊椎長骨刺，再加上心臟病，完全被王先生拖垮了，王太太因伉儷情深，不忍把王先生送安養院，後來請了外勞，才算可以鬆了口氣。

我很幸運，祖娟在生病的過程中雖然出過狀況，但一直平平靜靜，從未發生過猜忌、怪異、暴力等情事，再加上有外傭月安為我承擔照顧工作，使我在體力及精神負擔上，減輕了不少，老天似乎對我不薄，我應該感恩惜福的。

十三、泰傭月安一家親

祖娟雖然病了很久，我慶幸的是她一直很安靜，沒有猜疑、吵鬧、攻擊、一直是靜靜的。尤其在最近兩年，靜的會令人憐惜，感覺虧待了她。

當今的世界是多麼紛擾，她已不知道，街頭有多少抗爭，她也毫不知悉，每天跟著月安到公園散步、閒坐，沒有了人事的紛爭，沒有了生活的壓力，更沒有了人生的煩惱。她拋脫了一切人的虛偽，拋脫了世俗的壓力，更拋脫了被命運捉弄的反抗。她的生命是單純的，沒有了記憶，沒有了怨恨，更沒有一切無謂的追求，或遭受失望的痛苦。她已不希望生命中，再加什麼色彩，更不畏懼生命快到了盡頭，一切都回到自然，悄悄的生，未來也會悄悄的去。

祖娟今生是不幸的，因為她罹患了阿茲海默症，她是幸運的，因為過了幾年混沌，無憂無慮的生活。

祖娟已走進漫漫長夜，已不祈求有一道光，更不祈求什麼黎明，我作為丈夫的只有照顧她，陪伴她，並對為她所付出的一切「無怨無悔」，不但「無怨無悔」，還以阿Q的精神來自我安慰，安慰的是阿茲海默症，使我失去了妻子，但，它在我將邁入老年時，卻送給我一個排遣寂寥的小女兒，因為她終日一臉茫然，天真無邪，我則時時噓寒問暖，細心照拂，試想如果不抱著多一個女兒的心情，又何能九年如一日呢？

照顧慢性病的病人如祖娟者，可以請外勞來家照顧實是政府一大德政，如果沒有外勞光靠自己家人，會把每個人拖垮，因為外勞角色重要，也來談一談。

由仲介公司為我們介進了一名叫月安的泰國小姐，來我家工作，她長的聰明伶俐，會說不錯的中國話，與我們普通的溝通都沒有問題，照顧祖娟也很快的進入情況，打掃處理家務都很盡責，我與小兒都很滿意，她很快的成為我家的重要一員。我為了對外勞表示尊重，有助勞雇雙方關係的正常發展，特寫了一篇「我家月安」來表揚彰顯月安對我家的貢獻，全文在中央日報副刊刊登，現轉錄如下：

月安是我家的女傭，來我家已一年多了，因為彼此均以真誠相待，所以僱傭之間不但和諧相處，還如魚得水。這種情況，對雙方而言，可以用常聽到的廣告詞「福氣啦！」來形容。

談到我家月安，我要好好的介紹一下，若用報紙時髦用語「小檔案」來寫的話，應該是以下文字：「月安，女，現年三十二歲，泰國帕達雅人，高中程度，曾在香港幫傭四年，精通泰語，略諳英語，會說粵語及中國話，學驗俱佳，是一不可多得的幫傭人材。」

如果用文學的筆法加以描述的話，則是這樣的：月安是一泰國女郎，身高一百五十多公分，體型驕小，但發育勻婷，不胖不瘦，凹凸有致。一頭披肩的黑髮，經常配著藍色的髮箍，皮膚微黑，一如其國人的特徵。長方的臉型上，長著兩道濃眉，眉下眼窩深邃，配上一雙黑白分明的大眼。不算高還算挺的鼻樑下，有一適中的小嘴。雖說不上漂亮，但無論如何都不能說難看。

對月安作這樣的介紹與描述，自認是忠實、公正，沒有一絲主觀、誇大的成分，因為她並沒有徵婚的意念，而我也沒有挾女傭而自誇的企圖。

月安之到我家來，有一段小插曲，經過是這樣的：

前幾年內人患了慢性病，越來越嚴重，以致記憶力衰退，生活難以自理，在家會忘記關瓦斯，出門會迷路，在在需人照顧。而小女在加留學，小兒與我均須朝九晚五的上班，申請外傭符合條件，也是唯一的一條路。

申請外籍女傭，雖然不像結婚找對象一樣，是關係一輩子的事，絲毫不能馬虎，否則一生受苦，終生受罪。但在一兩年之內，整個家交付給她，內人一切不能自主，形同肉票，豈能不格外小心謹慎？根據常識推斷，菲律賓女傭不能用，因為她們在臺人多勢眾，爭權益振振有詞，談戀愛登堂入室，很不好駕御。印尼女傭嗎？大多信仰回教，不吃豬肉，如不尊重其宗教信仰，有侵犯人權及信仰自由之嫌，如果尊重，豈不要變成信仰阿拉的回教徒。在此情形下，僱用泰國女傭也是較佳的選擇。

在仲介公司，我根據照片選擇了一位家住清邁，年紀三十五歲，有兩個孩子的中年婦女，看照片長的大大方方，一臉忠厚。我想已婚者，較有做家事的經驗與照顧病人的耐性。同時在生活上也會單純一些。

前年十一月初，女傭由泰抵臺，正式到任，住入我家，想不到會說中國話，使我有意外的驚喜。但從她的衣著及足登「恨天高」的鞋子來看，怎麼看都不像兩個孩子的媽。我問她孩子們都好嗎？她說我還未結婚。我問她清邁風光很好吧？她說我家住帕達雅，沒去過清邁。這一下我愣住了，為什麼仲介公司沒知會我一聲，就調了包呢？不過，送錯了地方、張冠李戴也不無可能？我又這麼想。

我向仲介公司查詢，仲介公司說人絕對沒有錯，祇是原先選定的人，不會說中國話，也沒通過訓練，而這位叫月安的，是訓練班結業的頭名狀元，調包完全出於善意，抱歉的是未能事先通知，務請包涵一二。

仲介公司的這番說詞，非常具說服力，何況人已報到，生米已煮成熟飯，我也就接受了。

為了建立好僱傭關係，我們相互攏絡，我送給她幾件衣服，並為她起了一個中文名字叫李月安，用意是進了李家門，姓了李家姓，大家就成了一家人。而月安也告訴我，她祖母是中國人，因此身上流著中國人的血液。

日子久了，我對她年過三十、還未結婚感到好奇，她說泰國是一佛教國家，她父親是入贅的，生兒育女之後，因為食指浩繁、負擔很重，人過中年後，竟然看破紅塵出家當了和尚。她身為長女，不得不同母親負擔起家庭生計。母親擺地攤賣衣服，她就外出幫傭，先在香港工作了四年，九七大限的前一年，僱主一家移民加拿大，她也就下旗歸國了。在泰國賺錢很少，不得不再到臺灣來工作。

她說，年過三十還未結婚，原因有三，一是身為長女，有責任替母親分憂解勞，負擔部分家庭生計，使弟妹能受好的教育。由於生活擔子沉重，又遠赴異國幫傭，那裡還有時間、還有勇氣去考慮婚姻問題呢？試想結了婚，還能賺錢養家嗎？現我為了家、為了母親、為了弟妹而犧牲青春與婚姻，我認為是值得的，我無怨也無悔。二是父親為人父為人夫，竟然中年出家，放棄對家庭的責任，使我對男性沒有信任感，生怕遇人不淑，終身所託非人。三是曾談過戀愛，都是因家計而分手，那種折磨、那種痛苦，實在很難承受。有前車之鑑，又何必去自尋煩惱、折磨自己呢？

她說，我也是一個有血有肉的人，目前不得不抱獨身主義，將來如何？只有走一步算一步，一切隨緣了。

聽了月安的瀝血剖白，心中非常不好受，忍不住的熱淚盈眶，對她不是憐憫與同情，而是對她為家庭而自我犧牲、對父母不匱的孝心、對弟妹的感人友愛，無怨無悔，令人由衷的欽佩與尊敬。這種高尚的情操，這種女性的光輝，在社會上推動孝道、講求四維八德的我國，也是不可多得。

月安為了多賺假日的五百元加班費，終年不休，除了打電話回家，堅持付電話費之外，很少外務。日常克勤克儉，一發薪水就寄錢回家。帶她到友人家做客，一到達就走入廚房。幫忙這幫忙那，勤勤快快，克盡本分，給點小費，就喜不自勝，令人不由得憐惜。

平常到菜市場或超市買菜購物，她都先列清單，以免遺漏，選菜很仔細，對漫天叫價者，還會就地還錢，不會吃虧。日子一久她與菜販都混熟了，當我在場時，都會大大的稱讚她，多送幾棵蔥外加幾塊薑來為她稱面子。「你家的女傭真能幹！」成了他們的口頭語。她既如此能幹，我也落得清閒。

日常朋友們打來電話，她都會以電話禮貌來應對，用泰文將要點記下，我回家時一一轉告，不會誤了要事。熟朋友一來電話就知是誰，經常會寒暄幾句，朋友們都說月安不但國語說得好，又很有禮貌，實在難得。

月安來我家，受惠最大的是內人。她每天在忙完家事之後，為內人梳洗一下，就牽著她的手，到附近小公園，或百貨公司閒逛。內人愛唱歌，她放錄音帶；內人不高興，她會笑著安慰；氣候變化，會隨時增減衣服；服藥吃飯，都是定時定量。一般做子女的對親人能如此周到照顧的，事實上也不會太多。

其次受惠的是小兒與我，每天鋪床疊被、衣服洗燙，如住大飯店，她會包餃子、做廣東粥、大滷麵，或看電視《阿鴻上菜》後，來一個實地操作。在吃的方面素來不講究的我們，常有意外的驚喜，而味口大開。朋友們成為桌上客，也都認為月安的廚藝不錯。

月安有這麼多好處，有沒有什麼缺點呢？有！最大的缺點是雙眼總含著憂鬱，不是很開朗，常常遐思而發呆。我想是去國懷鄉，自嘆身世的關係。另外是一年四季都穿長褲，不管天氣再熱，都不見她著短褲或裙子，生活態度太嚴肅、太保守了些。

無論如何，在月安來我家之後，家中多了位保母、好廚師、好秘書、好管家，使我無後顧之憂。人與人之間，只要真誠相待，就如手足，又何必有什麼地域觀念與國籍之分呢？

月安名字起得很好，顧名思義是月月平安，我殷切的希望以她吉祥的名字、認真工作的精神，繼續使我家年年如意、月月平安。

這篇文章對月安的身世及工作態度寫的較多，對她也頗有溢美之詞，缺點是對她照顧內人的情況，著墨不多。事實上照顧病人是重點，能付出愛心，盡心照顧，為我分擔憂勞，在我家的地位就被肯定，其他都是餘事了。引進外勞政策，對類似我家的情況，算得上是一大德政，解決了不少困難問題，不然為了病人本身工作不能做下去，每天面對病人，一刻不能稍離，連喘口氣的時間都不可得，猶如處在狂風驟雨的長夜，這種精神的折磨又如何承受得了呢？

這篇文亦有迴響，有兩位中老年人士，想娶月安作太太，可先友後婚，被我拒絕。外勞輔導單位提名月安參加模範外勞選拔，我特別出席選拔會提出說明，可惜未能中選。

月安在我家工作了三年，期滿須回泰國，再申請來我家，在回去再來之間，出現了幾個月的空窗期，使我又接下照顧的工作，我寫了一篇「愛在女傭不在時」，刊在人間福報，道出了我當時的心情，文章內容收錄如下：

內人因罹患長期病，需人照料，在醫師開據證明下，約雇了泰國籍的女傭月安。月安聰明伶巧，做事認真，與我們相處水乳交融，如同一家人。

轉眼三年期滿了，雙方都有續約的強烈意願，但根據勞委會法令規定，月安要回國四十天，重新提出申請核准，方可回到工作崗位。

勞委會這條法令的主要用意為何？令人百思不解，以我粗淺的理解，大概有兩種用意：一是讓女傭有四十多天的休息時間，符合「休息是為了走更長的路」這句名言。二是考驗雇主的應變能力，在無女傭可用之下，手忙腳亂之餘，如何發揮愛心，安然的度過難關。假若解釋不錯的話，勞委會真是設想周到，用心良苦。

月安要回國，一去至少四十天，在我家算是年度大事，因為我家在內人未生病之前，一向採內閣制，我僅是虛位家長，充分授權。內人生病之後，月安來到我家，內閣制仍在，只是換上月安而已，我仍充分授權，僅把財政大權要了回來。

家中雖有病人，因分層負責，生活上還算平順。月安很能幹也很忠心，她三年如一日的工作大致如下：每天清掃房舍，整理內務，調理三餐，並負責內人三餐的餵食。上下午帶內人到附近公園散步各一次。此外，每周買菜一次，二天為內人洗澡更衣，並清洗衣物一次，說起來很簡單，做起來都要花費許多時間。

因為對月安的信任，月安也認真負責，家有病人除心理上負擔較重外，我在行動上仍可兼理許多事務，正常社交，沒有綁手綁腳的感覺。

月安回國了，她的工作全落在我的身上，買菜、洗衣、煮飯、開門七件事一手包辦。最麻煩的還在照顧病妻，洗澡、餵食之外，還要注意她的情緒，陪她到公園散步、逛馬路看街景，一天下來真是筋疲力竭。因為陪內人散步時要緊牽著她的手，全神貫注，不然她會不告而別，發生危險，許多人看到我們牽手而行的情景，都稱讚我是位好丈夫，面對這種讚美，只有苦笑以對。

對病人最重要的是耐心與愛心，內人失智又失語，現在的情況就像三、四歲的女孩，要處處關心她，看她的表情，她喜怒哀樂全表現在臉上，要隨機應變的安慰她、親近她，使她開心，隨著天氣，添減衣服更是重要，如果染上感冒，照顧更是雪上加霜了。

我常想，內人的生病，使我失去了妻子，但多了個小女兒。

月安去了四十天，我天天依閭相望，盼君早歸。但天不從人願，勞委會與泰國關係搞不好，泰勞凍結不能來，後來解凍了，又發生資格問題，得不到簽證，經過與仲介公司的熱線催促，最後總算讓月安走馬上任，回復原職了。但整整花了八十天的時間，這八十天像八十年一樣的長久。

在月安不在，我主持家務，照顧病妻的八十天中，沒有了社交，摒除了雜務；一心一意的執行月安任務，在愛心親情的呵護之下，內人長胖了，病情也有些減輕，朋友對我的表現表示讚許，我認為女傭不在我學習了許多，愛也展現了許多，這真是意想不到的收穫。

我寫這兩篇文章，道出了我招了一位好外勞女傭，及我家對女傭的依賴，也間接的道出所謂「外勞女傭」的問題。

在電視新聞或報紙的社會版上，常報導外勞女傭，虐待病人的新聞，當然也有外勞女傭被虐待，發生勞資糾紛或緋聞等事情的發生，「外勞女傭」的慎選、教導與相處之道，也是一個很重要的問題。

招請外勞女傭雖不能像找個終身伴侶，或為兒子找媳婦，為女兒找女婿那樣慎重，但挑選還是必要的，那就是找一家合法信譽良好的仲介公司，對公司的主持人認識，或經友人介紹有所瞭解更好，再就是看引進外勞女傭的國家，菲律賓人水準不一，有的水準很高，有的較低，他們被引進的時間較早，有組織有串連、很刁蠻、不易管理，越南及印尼的女傭，教育程度較低，也就是不好溝通與教導，他們國內仲介費用高，費用採分期付款，女傭來台一年多都是做白工，賺不了錢，偷跑的很多，因為做黑工雖被剝削，但還可以拿到一些錢。他們都有偷跑的門路，泰國女傭水準較高，佛教國家，為人平和，不少人還具有中國血統，教導相處比較容易，不過這都是整體的觀察分析，人心不同，各如其面，不管那一國人都有好的，都有壞的。

仲介公司仲介女傭，都會拿照片給僱主看，太醜的每天看了不舒服，固然不好，太漂亮了也有許多意想不到的麻煩，最好人長的普普通通、慈眉善目、年齡以三十歲左右較宜，因為人生的經歷比較豐富，比較會做家事。

女傭請到家，應把工作時間表，工作內容編排好，教她照表操作，最好先做一遍給她看，然後給她訂下規矩，諸如不可私自外出，不可亂交朋友，不可迷於電視等等。

對女傭待人要待心，太嚴格了，她明裡尊從，暗中懷恨，對病人不利。如果太鬆，她們會得寸進尺，越來越懶散，最好是寬嚴適中，把她當做家庭中的一份子，大家和和氣氣不分彼此，但要把工作做好。

對女傭應該給的錢準時發給，不要延遲，加班費及不休假獎金，不要太計較，逢年過節，給個紅包表達人情味也是應該的。

最重要的是對傭人的信任與觀察，如果女傭的脾氣不好，儘量的暗示她，讓她克制，讓她知道有各種管道，可瞭解她對病人的態度，不時的瞭解病人的生活起居及情緒是否正常。

對女傭的家庭狀況應有所瞭解，有困難可以適時提供幫助，對她們的態度要保持分寸，不能有性騷擾，及非分之想，如果涉及這方面，就會產生一些想不到的問題。

我家請女傭已六、七年，大家相處的很好，從我寫的文章中可知一二，這是我在內人不幸之中的幸運，也是沒有什麼可安慰的，是唯一可告慰的了。

在國內人口已呈現高齡化，老年失智的人數也越來越多，政府對這種情況，已盡可能的採取了關懷與補助的政策，重度的每月補助新台幣五千元，為數雖然不多，但不無小補。購買輪椅等必要設備，也會接受補助的申請。發給殘障手冊，使病人及家屬可以免費搭乘公車，家屬也可享受停車，在學減免學費的福利。至於安排日間派專人到家照護，時數雖不多，也算盡心了，民間也有社團法人台灣失智症協會的組織，宣導預防，協助失智者及其家屬，在逆境中好好自處，辦理座談，家屬相互交換意見並由專家講解指導，這都是對無助的家屬，給予莫大的關懷與溫暖。

十四、愛在今生無怨悔

民國九十四年台灣失智症協會，在內政部及衛生署補助及民生報協助下，辦了一項徵文活動，主題是「親愛的！你知道我是誰嗎？親愛的！忘記你不是我的意願！」我得知消息，乃寫了一篇「我多了一個女兒」來參加，共襄盛舉，其文如下：

阿茲海默症使我失去妻子，但它在我將邁入老年時，卻送給我一個排遣寂寥的小女兒。我常對坐在輪椅上，一臉茫然的妻子說：「親愛的！你記得我是誰嗎？」她通常是茫然以對，如有笑意，我則泫然欲泣。內人病前是某報的中級幹部，在她五十八歲那年，經醫師診斷患了阿茲海默症，當時我是一個失魂落魄、六神無主，不知如何面對未來的丈夫。在經過無數個長夜的沉思，無數個白天的繞室徘徊，面對無助的妻子，我決定面對現實，信守夫妻之間的承諾，做一個無怨無悔的丈夫，陪她走那段漫長而艱辛的路。

阿茲海默症是世紀之病，分期演變：由行為怪異，到生活不能自理；由失憶失語，到坐輪椅。每一個階段都需人耐心照拂，一點大意不得，真是「病者已矣，家人何堪！」。

在妻病之初，她辭去了工作，我也提前退休，日常帶她登山健行，她喜歡唱歌，就陪她唱歌，做她喜歡做的事情，我們如同回到初戀，那段日子是痛苦中夾雜甜蜜。

隨著病情的變化，內人漸漸的由失憶到失語，面對家人一臉茫然，這時要常常對她問話，逗她開心，如能贏得燦然一笑，內心則感到無比的快慰。

她不能行走了，幫她坐上輪椅；不能自食，一口一口的餵她，一餐飯要花費近一個小時。大小便換尿布，為她洗澡換衣，更是一天不知多少回，時時噓寒問暖，一點疏忽不得。試想，如果不抱著多一個女兒的心情，又如何能數年如一日呢？

這項徵文，投稿者共有一百多篇，該會邀請知名作家吳若權先生，神經科醫師，失智症護理專家及資深家屬們共同評選，我幸運的得到第一名，全家人都非常高興，臉上掛的笑容，在內人患病之後就很難看到。

頒獎活動由該會理事長陳榮基主持，他致詞說：「由於失智症族群的記憶喪失，時常與老化健忘混淆，社會大眾對這種疾病認識不清，形成負面標籤效應，患者家庭顧慮遭旁人指指點點，而降低求助及使用社會資源的意願。失智患者及家屬未能獲得足夠疾病及照護資訊、不知有那些社會資源可以使用以及如何使用，無法得到適時適當的支持，往往造成患者家庭生活品質低落，甚至陷入痛苦深淵。」

陳理事長特別強調說：「台灣目前有超過十一萬的失智老人需要協助或照顧，相當於一個鄉鎮的人口，受影響家庭人口將近二百五十萬；隨著人口老化，三、四十年後，台灣將有三、四十萬的失智老人，相當於一個縣市的人口，大家現在就應積極妥善規劃未來失智長者的長期照顧，打造一個失智者的天堂。」

陳理事長致完詞後，接著頒獎，並由謝雷，張琪兩位名歌星歌唱助興，是一項很溫馨很成功的活動。

張琪當年是紅遍台灣及東南亞的歌星，現在已自歌壇退出，但她充滿愛心，像孫越叔叔一樣，從事社會公益活動，表現積極，令人敬佩。

張琪家也有失智老人，她道出了失智者家屬的心酸，提供了許多經驗與建議，均極寶貴。在與失智者家屬相互交談時，一位家屬說：「家中有了失智親人，家屬的心理調適很重要，但有人就是想不開。」

他舉例說：「他有一位自軍中退伍的朋友，他的夫人也在五十歲罹患阿茲海默症，並且曾走失過一陣子。他常怨恨上天的不公平，為何這種倒楣事會找上他，每天自怨自艾，悶悶不樂，面對病妻心煩意燥，有時以喝酒，喝的酩酊大醉來麻醉自己。他因為想不開，不到兩年，他夫人未走，他先走向另一世界，這真是一個令人嘆惜的人間悲劇。」

這位家屬很難過的說：「先生先走了，留下失智的妻子無人照管，處境非常可憐，一個獨生女已嫁人，拖家帶眷，生活已過的不好，如何承擔照顧，最後只有送到政府社會救濟單位去安排，真是可憐！」

我聽了這個悲慘的事例，心中無限感慨，也很悲傷，我很理解他這位友人的心情，但不贊成他這種逃避，自殘的做法，他似乎對這種來自上天的挑戰，沒有一點反抗的決心，這種面對命運的軟弱怯戰，不但對妻女不公平，對自己一生的奮鬥，也在最後繳了白卷，豎了白旗，非常可惜，也非常可悲。

我很欣賞與欽佩美國的麥肯金博士，他曾任南卡來納州哥倫比亞大學校長，長達二十二年之久，也是美國有名的作家與演說家，他的妻子茉莉是很受歡迎的電視主持人，她在五十五歲那年，發現罹患了阿茲海默症，病情逐漸惡化，麥肯金博士毅然放棄了一切功名利祿，專心一致，無怨無悔的陪伴看護他的妻子，走過一段最艱辛難行的日子。

麥肯金博士在下這一決定時，告訴友人說，他與妻子在結婚典禮上，許下了不論富裕與貧窮，健康與疾病，順境或逆境，都愛她、照顧她、呵護她的承諾，這一承諾他要信守不渝。他對妻子不但付出至情至愛，並寫了一本名為「守住一生的承諾」的書，這本書不但在美國暢銷，遂譯成多種語言，在世界各國發行，也拍成了電影名為「珍貴的誓約」，曾獲國際電影人學會，推評為最佳編劇，最佳影片皇冠獎。

《守住一生的承諾》這本書，已譯成中文發行，文字並不長，我花了三、四個小時的時間，一口氣把它讀完，一面讀一面熱淚直流，有時激動的不能自己，因為我與他有相同遭遇，相同的想法與做法。

「當橫逆來臨時，既無法逃避，就勇敢地、坦然地面對它！」——這是在妻子罹病之後，在悲傷、失措之餘，在長夜中思索，所產生的一個信念，讓妻子受到最好的照顧，平順的走完人生路，則是我信守的做法。

內人已受了九年多病魔煎熬，每年都有不同的情況出現，從一個聰明人，一個受過高等教育，曾任聯合報系世界日報台灣辦事處編政組長的她，變成動作遲緩，失智失語，處處需人照料的病人，一些美好的過去，已不能在她殘破的記憶中尋找，或是夢中去捕捉，想想這是多麼慘痛的事。

內人對家庭有不可磨滅的貢獻，她應該得到一切的補償，上天對她有不公平的待遇，家人應為她出頭爭取。這是我與家人達成的決議，秉持的原則。目前內人無憂無慮，事實上已不知什麼叫憂慮，時時刻刻需人陪伴，需人扶持呵護，使她在不幸中享有幸福，這也是家人僅僅能做的事。

對內人與家人而言，面臨的是一個長夜，無法期待有一個黎明，因此開一盞燈，點上一支蠟燭，使她不在黑暗無助中孤獨，這是做為一個丈夫所能做的，應該做的，這也是麥肯金博士所說的「守住一生的承諾」吧！

麥肯金博士利用寫書道出他的心聲，表達出對妻子的愛，以及知識份子應有的高貴情操。我雖然沒有他的才華與社會地位，但對他所表現的真情至愛，說的每一句話，都與我心相契合，我有一個心願，除了像他對妻子信守一生承諾外，也要把陪伴照顧病妻的心路歷程，妻子在生病時，每一階段的變化與煎熬，用文字表達出來，與麥肯金博士的大作相呼應，這樣或許對日下的世風，對污染的人心，對眾多阿茲海默症患者的家屬，有些啟示與助益。

十五、十年一覺失智夢

外傭月安在我家工作了六年，對病人的照顧很盡心盡力，她把生活模式化，從早到晚甚麼時候做甚麼，似乎都是固定的，內人有她的照顧，家人都很放心。

內人的病則隨著時間的推移，而再慢慢的變化。先前唱歌，漸漸的不會了；先前可以說完整的話，慢慢的只能說單字，最後失語；先前走路沒問題，後來步履維艱，不得不坐上輪椅；先前大小便可以自理，變成換尿布用了「包大人」。

月安在我家做了六年期滿後，他說要回家結婚，不再來台灣工作。她推薦了他的泰國同胞阿有給我們。阿有四十多歲，長得很清秀端莊，身材壯健適中，她丈夫英年早逝，育有一男一女，有在台工作的經驗，中國話也說的通，我們對她的到來當然歡迎。

阿有對病人照顧的方式，承襲了月安，蕭規而曹隨。他為人隨和，也很盡責，很快就成了家中的骨幹，為家人所依賴。這時病人無法站立，上下輪椅或床鋪，都要阿有抱上抱下，幸虧阿有粗壯有力，應付裕如，瘦小如月安者則難以勝任，可見月安智慧高，有先見之明的。

祖娟到了阿茲海默症的後期，已漸漸失去咀嚼的能力，只好將食物改為流質，並注重營養的調配，雖然如此，體態日益消瘦，蒼老也隨之加快。

祖娟有腸道阻塞的病歷，腸子容易粘黏，同時要預防便秘，病人不會講話，不會用力使勁，如果便秘則更麻煩。因此每天香蕉及其他利便蔬果不斷，同時常為她揉肚子，加強腸子的蠕動性。

民國一百年的六月，祖娟好久未再犯，我們擔心的腸阻塞情況發生了，食物吃了就吐出來，連水也是一樣。這可能是她沒運動，食流質食物，腸子缺少蠕動的關係。急忙送到在內湖的三軍總醫院，還算順利的住入了病房。

主治醫師在瞭解了整個病情之後表示，腸子阻塞最有效的治療方法就是開刀，且要及時開刀，不然腸子糾纏久了會腐爛，那時除了開刀還要切腸接腸，那就要大費周章了。不過病人臥病太久，身體極度衰弱，貿然開刀有喪生在手術台上的可能，實在不敢冒這個險。病情非開刀不可，身體狀況又絕對不適合開刀，現在陷入兩難之中，進退不得。目前只有施打有助腸子蠕動的藥物，看看有無奇蹟出現，使腸子的糾纏能解開。

醫師說得很明白，我們家人都很理解，當下向醫師表明，如何治療遵從醫師，家人沒有異議，有甚麼不良後果，家人也絕不會怪罪醫師。

祖娟住的是二等病房，兩人一間，另一病人在祖娟住入前已經出院，倒成了一人一間的頭等房；一經住入，氧氣筒、打點滴、抽痰機、脈搏心跳顯示器等，都排了上來，白衣天使進進出出，這種場面，令人怵目驚心，大氣都不敢喘一下。

我與女傭阿有，兒子亦杜，女兒亦莊，排定看護的時間，晝夜守候，抽痰、換尿布、轉換躺的姿勢，都要配合護理師小心侍候，在醫院比在家，心裡要踏實多了些。

如此過了兩天，病情是好是壞，無從知曉，詢問醫師也以在觀察作答，一天看護工和我推著病床，去照甚麼X片，看護工將祖娟抬上抬下，料不到積在他肚子裡的綠水，一下子狂吐出來，滿臉滿床鋪都是綠水。祖娟未進飲食已多天，這綠水從何而來，不得而知，回到病房會同護理師清理了半天，才算處理停當。

從這時起，祖娟狀況不佳，越來越嚴重。據醫師說病人體弱產生了一些併發症，需要插管治療，不然生命延續不到幾天，並發下病危通知。

插管治療，我們作家屬的不知療法如何？但顧名思義是借助醫療機械，來維繫生命，是醫師搶救病人通常用的療法，茲事體大，我忙聯絡小兒小女以及祖娟的兄姐，大家共同計議，以免留有遺憾或抱怨。

經過溝通商議，結論是不要插管，也不要做其他急救措施，這是非常理智的決定。因為祖娟腸阻塞情況不明，併發症襲來，他臥病十年，以至油盡燈枯之境，插管僅是延長她的痛苦與沒有尊嚴的生命，不如讓她安靜的走完生命的盡頭，她和家屬也少些苦難與折磨。

這兩天我們家屬都守在她的病床邊，做了最壞的打算，該做的後事都悄悄的做了。

民國一百年六月十九日清晨，祖娟的脈搏跳動已顯得很微弱，閉著眼睛氣息也很微弱，我們家人環繞在她的病榻之旁，我緊緊握住她的手。在上午十時十五分時，脈搏停止跳動，她嚥下最後一口氣，擺脫了人間紛擾與病痛，與世長辭了。小女伏屍痛哭，哭聲淒厲，傷心欲絕，我則欲哭無淚，死者已矣，生者何堪！

趁著體溫，為她換上她最喜愛的黃色洋裝，穿上絲襪與高跟鞋，等待葬儀社的來臨，她這次是要出個大遠門，永不回來了。

七月十四日上午十時，是祖娟的最後告別式，地點選在三總的萬安懷德廳，我們發寄了訃聞，但不收奠儀。親友故舊有一百多人來弔祭，小女亦莊特別製作了生前生活的剪影，並配以祖娟生前愛聽的「綠島小夜曲」，場面莊嚴感人，很多親友為之淚下，這最後一程，她也走得很安然，因為有百人為她送行。

我在中央日報服務的最後兩年，國民黨大掌櫃劉泰英所經營的黨營事業，把手伸入了殯葬業，成立了展雲事業公司，在金山大佛山闢建了墓地與祥雲觀靈骨塔。我特別贊助買了四個靈骨塔位，我想先送祖娟到祥雲觀，但小兒亦杜不同意，他認為祥雲觀在金山深山中，骨灰放置多年，恐為子孫所遺忘，不如申請在法鼓山樹葬，小兒對聖嚴法師很景仰，法鼓山的建築，沒有傳統的寺廟味，莊嚴而有靈氣。聖嚴法師去世後以樹葬方式葬在法鼓山旁；小兒認為母親能採此一方式，再好不過。兒女有孝心，有觀點，我無反對理由，就決定樹葬在法鼓山。

談到樹葬，大家直覺的想像，是將骨灰葬在樹林中的大樹之下；其實不然，法鼓山樹葬處在廟宇右側山上，一片竹林園繞著一片操場大的草地，這就是墓地。決定樹葬時告知殯儀館火葬場，將骨灰分裝五個長型紙包，樹葬時由管理人員在草地之上，打下很深的五個坑洞，送葬人以不同身份分別將紙袋骨灰放入坑洞之中，再覆以土草，就完成了安葬，骨灰很快就會被坑洞中的泥土所吸收，人最後歸於泥土。

樹葬不用木棺也不用骨灰罈，非常簡單，但意義與木棺土葬差不多，土葬有墓地死者入土為安，樹葬只是少了棺木與墓碑罷了。這是一種習俗與觀念問題，人生在世間總是要進步，不故步不自封才是。

祖娟樹葬之後，每年的舊曆年初一，清明節或祖娟的忌日，我都會會同兒女驅車赴法鼓山樹葬地祭拜。到了那裏，我總會說：「祖娟！我們來看您了，您過的好嗎？」這時山風吹來，竹林的竹枝迎風搖曳，竹葉也會唰唰作響，似乎祖娟在與我們招手，悄悄的與我們對話。雖然天人相隔，陰陽殊途，但有愛的存在，心靈仍然相通的。

祖娟從發病到死亡，歷十一個年頭，在這十一年中光花在外勞的工資錢，就達三百多萬元，精神的折磨，體力的透支，就不必談了。

唐朝詩人杜牧當年曾有「十年一覺楊州夢，贏得青樓薄倖名」的名句，為後人所傳吟。對我而言應該是「十年一覺失智夢，無怨無悔度此生」吧！

十六、退休喪偶後的生活自處之道

內人陳祖娟於民國一百年六月去世後，說得文學一點的話我成了「鰥夫」，以現代年輕人的語言就成了「太空人」。事實上，在我退休、內人患病之後，我就感覺「冷冷清清、淒淒、慘慘、戚戚」，幾乎成了「孤家寡人」。

喪偶之後，經過一兩個月的失意、傷痛、落寞與沈思之後。就慢慢的有所醒覺，要想一想今後的日子如何過下去，這是非常嚴肅的問題。因為在九泉之下的妻子，一定希望在我未來的生命裡，過的平順、過的精采。既然這樣，生活就必須多方考慮，周延的去安排了。

朋友們都關心我將來要不要「續絃」尋找第二春。有的舉蔣夢麟不聽胡適先生的勸告，堅持與徐賢樂結婚，婚後遭徐娘虐待，最後離婚，發生賠錢損壽的事，希望我不要考慮再婚。另有人則以梁實秋與韓菁清神仙眷屬為例，向我勸說再婚。他說梁大師的原配程季淑去世後。梁寫下「槐園憶往」一書，深情使很多人感動。但不久遇上影壇美女韓菁清後，跌入情網。兩人要結婚，許多門生故舊反對，但在梁堅持下結婚了之後，既有愛情滋潤，生活又得良好照顧，使晚年能安心寫作，並克享天年。這兩人案例，都很有說服力，但我心中已有定見。為亡妻守節，沒有必要。結交女友、談談情、說說愛、看看電影、吃吃飯，甚至同居都可以。結婚白紙黑字就不必了。因為有許多外來因素干擾，使生活得不到寧靜，也使兒女們為難。這種定論就是一句話「友而不婚」。朋友認為這種想法，這等好事，能不能遇上，能不能掌握，要看有沒有好運氣好機緣了。

感情的事既不能強求，如何使生活過的順暢呢？我認為先天條件要使經濟情況不差，生活不虞匱乏，然後培養多項興趣。我曾玩過集郵，集中外諸國紙、硬幣。也玩賞搜集過奇石、海貝類以及各種賞玩的紫砂壺等。都是隨遇而集，不玩物喪志，盡量自得其樂，不花大錢。

除了收藏的興趣外。旅遊更是有益身心。我與好友們旅遊過歐洲各國。亞洲鄰邦國更不必說，美加、澳紐都去遊過。中國大陸的旅遊景點大多去過，有時一年兩次。「讀萬卷書，不如行萬里路」，這句話是很有道理的，因為旅遊而大開眼界，闊大了心胸，雖花了不少銀子，但交了不少朋友。

旅遊有時間性，最長也不過十天半月，家居的日子多，生活安排就要費心思了。我自小喜歡書法，文房四寶俱備，字帖更是不少，臨仿柳公權，仿仿顏真卿，跟老師學隸書、行書。光學，就花費不少時間。光學不行，每天要寫要練，每次要全神貫注，執筆放空，才會有進境，也可自得其樂。不過書法是一個學無止境，精益求精的興趣，可使生活充實，並修身養性。

我希望能有一天，辦一個書法展覽，顯現勤練書法的成績。使友人對我的書法讚賞，樂於收藏。那就是達到至高境界了。

我更有一個一般人沒有的興趣，就是聽京戲，我是一位資深戲迷，這事有歷史淵源的：大概是民國卅五、六年吧，我搬家到河南鄭州。我在那裡讀小學，那時小孩讀書，壓力不像現在那麼大，父母管的不嚴，小孩玩的時、空間就很大。我一有空就到老墳崗娛樂場去看變戲法的、說相聲的、摔角賣大力丸的，當然也去聽說書或京戲清唱的。那時鄭州，電影院還不多，戲院倒不少，由於大哥在憲兵隊服務，戲院怕兵大爺聽戲找麻煩，請憲兵隊派勤務「坐鎮」，我也就常去戲院看白戲，看久了越來越有興趣，心得也就越來越多，能分出角色的好壞來。

後來有一家戲班，住的離我家很近，就時常去看他們排戲練工。我本來有學戲的念頭，希望有一天能在戲台上表演，贏得如雷的掌聲。但看到小徒弟學戲，挨老師父的打，我就寒了心。在這一戲班中，有三個小兄妹留給我的印象最深，最小的妹妹唱武生，他們每天早上要耗腿、拿大頂、翻跟頭、跑圓場，做的有一點差錯，師父拿著竹桿，沒頭蓋臉的打，小徒弟連淚都不敢掉。學戲談何容易，一個名角，在台上獲得掌聲，在背後不知有多少血淚心酸吶！不吃苦，不肯練，那能成為名角，出人頭地呢？

民國四十年左右，我在澎湖馬公中學讀書，九十六軍軍長余兆龍帶了一個軍中京戲團，名叫「虎嘯」的來到澎湖，這一劇團名角如雲，唱青衣的是紅星胡錦的媽媽馬孋珠，無論唱扮都是上乘。唱武生的是李桐春，李環春兄弟，他們是紅武生李萬春的弟弟，李門本派的戲，唱的沒有話說。尤其李桐春演關老爺的戲，一舉手，一投足，中規中矩，刻劃鮮活，有活關公之雅稱。唱花臉的王福勝，工架十足，聲如洪鐘大呂，扮張飛不做二人想，有活張飛之美譽。「古城會」一戲令人百看不厭，如癡如醉。那時虎嘯時常露天演出，我們做學生的也雜在軍中看戲，沒漏過一次，那時李環春二十來歲，喜歡到學校打籃球，當時我身為一個初中生對他們很崇拜，我認識他們，但與他們談不上交往。

後來我到報館工作，王福勝的小兒子王龍崗在報社做排字工，人長的眉清目秀，一點不像老伶工王福勝。我問他為何不跟老太爺學戲，得個王門真傳？他說王勝福先生偏愛小兒，捨不得他吃苦。他有那麼好的學習環境，沒有去學戲，我為他惋惜。事實上，做那一行怨哪一行，王老先生可能不願愛子再走他的路，同時，祖師爺賞他飯吃不賞給他兒子，得不到慧根也說不定。

虎嘯劇團在澎湖，我這戲迷算過足了戲癮，可惜馬公中學沒有票房，也沒有京劇社團，使我們愛戲的無從學戲發揮，不過戲看多了，大家都會哼上幾句。

民國六十二、三年，我在法國巴黎，讀書工作，幾個飯店老闆喜歡京劇。留學生界喜歡京劇的也不少。每逢僑界聚會免不了清唱，夏菊芬的青衣、王友光的老生、李殿魁的麒派老生、徐廣存的小生唱的都不錯。在倫敦的中央社前輩王家松先生喜歡拉胡琴，每次從倫敦渡海來巴黎，都聚集清唱一番，盡興而歸。

我回國在中央日報工作，中央日報有一個京戲票房。副社長薛心鎔特別喜愛京戲，為票房之領導。其他採訪主任劉克銘清衣唱的好，覃大祥的花臉很掛味，記者吳允中，也喜歡唱，張揚寶的胡琴，很有水平，中央日報真是臥虎藏龍。

我在中央日報退休後、我的學生許士美特別為我安裝了「小耳朵」，可以看很多大陸電視台，尤其戲劇台，二十四小時播出，常有名角好戲演出：唱梅派青衣的有梅葆玖、董圓圓、李勝素，史依虹、王艷等。程派的有張火丁、遲小秋。荀派的有孫毓敏、劉長瑜。張派的有王蓉蓉、趙秀君等。老生有于魁智、張學津、張克。裘派花臉孟廣祿，袁派花臉楊赤。老旦趙葆秀，袁慧琴。小生葉少蘭、宋小川。這些人經常演出。我對這些名角都能深入瞭解他們專業表演與唱工。日積月累，百看不厭，既消磨時間，也帶來十足的快感。

我有這麼多興趣，退了休。失去了老伴，雖孤家寡人一個，並沒有感到生活枯燥與人生的乏味。相對的是知足常樂。

釀文學170　PG1224

落花無言
——十年一覺失智夢

作　　者　李在敬
責任編輯　廖妘甄
圖文排版　周妤靜
封面設計　蔡瑋筠

出版策劃　釀出版
製作發行　秀威資訊科技股份有限公司
114 台北市內湖區瑞光路76巷65號1樓
電話：+886-2-2796-3638　傳真：+886-2-2796-1377
服務信箱：service@showwe.com.tw
http://www.showwe.com.tw
郵政劃撥　19563868　戶名：秀威資訊科技股份有限公司
展售門市　國家書店【松江門市】
104 台北市中山區松江路209號1樓
電話：+886-2-2518-0207　傳真：+886-2-2518-0778
網路訂購　秀威網路書店：http://www.bodbooks.com.tw
國家網路書店：http://www.govbooks.com.tw
法律顧問　毛國樑　律師
總 經 銷　聯合發行股份有限公司
231新北市新店區寶橋路235巷6弄6號4F
電話：+886-2-2917-8022　傳真：+886-2-2915-6275

出版日期　2015年7月　BOD一版
定　　價　240元

Printed in Taiwan

國家圖書館出版品預行編目

落花無言：十年一覺失智夢 / 李在敬著. -- 一版. -- 臺北市：釀出版, 2015.07
面； 公分. -- (釀文學；PG1224)
ISBN 978-986-445-016-9(平裝)

1. 李在敬 2. 回憶錄 3. 失智症 4. 阿茲海默氏症

783.3886 104008370

讀者回函卡

感謝您購買本書，為提升服務品質，請填妥以下資料，將讀者回函卡直接寄回或傳真本公司，收到您的寶貴意見後，我們會收藏記錄及檢討，謝謝！

如您需要了解本公司最新出版書目、購書優惠或企劃活動，歡迎您上網查詢或下載相關資料：http:// www.showwe.com.tw

您購買的書名：________________________________

出生日期：________年________月________日

學歷：□高中 (含) 以下　□大專　□研究所 (含) 以上

職業：□製造業　□金融業　□資訊業　□軍警　□傳播業　□自由業

□服務業　□公務員　□教職　□學生　□家管　□其它_____

購書地點：□網路書店　□實體書店　□書展　□郵購　□贈閱　□其他

您從何得知本書的消息？

□網路書店　□實體書店　□網路搜尋　□電子報　□書訊　□雜誌

□傳播媒體　□親友推薦　□網站推薦　□部落格　□其他__________

您對本書的評價：(請填代號　1.非常滿意　2.滿意　3.尚可　4.再改進)

封面設計____　版面編排____　內容____　文／譯筆____　價格____

讀完書後您覺得：

□很有收穫　□有收穫　□收穫不多　□沒收穫

對我們的建議：________________________________

____

____

____

請貼
郵票

11466
台北市內湖區瑞光路 76 巷 65 號 1 樓
秀威資訊科技股份有限公司 收
BOD 數位出版事業部

（請沿線對折寄回，謝謝！）

姓　　名：＿＿＿＿＿＿＿＿　年齡：＿＿＿＿　性別：□女　□男

郵遞區號：□□□□□

地　　址：＿＿＿＿＿＿＿＿＿＿＿＿＿＿＿＿＿＿＿＿

聯絡電話：(日) ＿＿＿＿＿＿＿＿＿＿ (夜) ＿＿＿＿＿＿＿＿＿＿

E-mail：＿＿＿＿＿＿＿＿＿＿＿＿＿＿＿＿＿＿＿＿